U0502113

萨特哲思录

satezhesilu

张秀章　解灵芝　选编

吉林人民出版社

图书在版编目(CIP)数据

萨特哲思录 / 张秀章,解灵芝选编.—3版.—长春:
吉林人民出版社,2011.8
(西方思想文化经典)
ISBN 978 - 7 - 206 - 04119 - 8

Ⅰ.①萨… Ⅱ.①张… ②解… Ⅲ.①萨特,J. P.
(1905~1980)—哲学思想 Ⅳ.①B565.53

中国版本图书馆 CIP 数据核字(2011)第 180607 号

萨特哲思录

选　　编:张秀章　解灵芝
责任编辑:于二辉
吉林人民出版社出版发行(长春市人民大街 7548 号 邮政编码:130022)
网　　址:www.jlpph.com
全国新华书店经销
发行热线:0431 - 85395845　85395821
印　　刷:北京海德伟业印务有限公司
开　　本:650mm×960mm　1/16
印　　张:12　　　　字　数:150 千字
标准书号:ISBN 978 - 7 - 206 - 04119 - 8
版　　次:2011 年 9 月第 3 版　　印　次:2016 年 8 月第 3 次印刷
定　　价:23.80 元

目　录

存在与虚无

距离·真空①

　　从位于斯芬克斯大街的一个房间的背后，我看到了几个裸体的女人。把我和她们拉开的那种距离（光滑的木头地板似乎是不可逾越的，尽管我很想从上面走过去），如同那些女人一样，给我留下了令人难忘的印象②。

　　结果这位艺术家便创作了四个不可接近的小雕像布局协调地站立在由地板形成的垂直背景的边缘。贾科梅蒂就像看到她们那样，运用距离感把她们画了出来，并且，这四个女人都有着引人注目的仪容。她们似乎是依靠地板而保持着自身的平衡，又好像随时都会像箱盖落在箱子上一样落在他的身上。

《贾科梅蒂的绘画》

---

　　①　本文最初于 1954 年 6 月发表在《现代》杂志上。阿尔伯特·贾科梅蒂（Alberto Giacometti, 1901~1966），出生于瑞士的一个艺术家庭。自 1927 年以来，他一直在巴黎工业区的一个两间房的画室里从事创作，成功也没有使他有丝毫改变。他的绘画，大多数都是对自己、妻子安妮特和兄弟迪埃哥的探索和研究。他的最著名的雕塑作品也许该说是《三人行》（1949）、《雨中疾步》（1949）和《明媚的早晨穿过广场的男人》（1950）。30 年代初期，他以超现实主义画家而闻名，经过长期的摸索和实验之后，到 40 年代又成了世界上争议最多的雕塑家之一。他把艺术解释为"一种荒谬的活动"。他以逐步创作的许多拉长了的人物形象，来表达虚无主义以及绝望、恐惧和毁灭。

　　②　画家 1950 年 11 月给马蒂斯的信。

记得我回归故里的第一个晚上，由于没有找到过去的一些老朋友，我简直成了一名陌路人。于是，我推开了一家咖啡馆的门。突然有一种莫名其妙的惊恐向我袭来——几乎可以这样说。我简直无法理解这些低矮、臃肿的建筑物是怎么掩饰如许荒漠的。我茫然了。那些散坐于桌旁的主顾们，对我来说，似乎比天上的星星还要遥远。他们之中的任何一位，都有权得到一大块栖身之地，一张完整的大理石餐桌，而我要想与他们接触却不得不穿过那把我们隔开的"光滑的地板"。

《贾科梅蒂的绘画》

他们悠闲地坐在灯光下侃侃而谈。如果说他们对我而言是难以接近的，那是因为我不再有权拍打他们的肩头，敲敲他们的大腿；我不再有权随便称呼他们任何一位"关节头"①。我又重新步入了中层社会，又将重新学会在"值得敬重的距离"中生活。广场恐惧病②的发作，无疑表明了我对长期离开亲密无间的集体生活的模糊的悔恨之情。

贾科梅蒂也是如此。对他而言，距离并不是一种随意的隔开，甚至也不是退缩。它是一种被环境、礼节和对困难的认可所需要的东西。它又是吸引力和排斥力的产物——如他自己所说的那样③。他无法走过那几步把他和那些裸体女性隔开的光滑的地板，因为羞赧和贫困已使他固定在椅子上动弹不得。这时他觉得距离是不可逾越的，虽然他渴望触摸她们芬芳的肌体。他抵制了淫欲邪念，没有去采摘那亲昵的果实，因为他需要的是友谊和爱情。由于他害怕被利用，所以也就不敢轻易占有。

《贾科梅蒂的绘画》

距离，在他的眼里已成为一切物体的组成部分，这并非是偶然之

---

① "关节头"（"knuckle-head"），疑为戏称。
② 广场恐惧病（agoraphobia），为精神病的一种。
③ 见他 1950 年给马蒂斯的信。

事。那些离他 20 步之遥的娼妓——不可逾越的 20 步——常常按照他那毫无希望的愿望而被勾画出来。他的画室有如群岛环抱的海湾，又像距离不等的一团砾石。靠墙而立的圣母像保持着一种迷人的亲近感。奇怪的是当我后退时，她便向前；当我远远走开时，她仍像是离我很近。我脚边的一个小雕像，是一个从汽车后视镜中见到的、即将消失的男人。要想走近这个塑像是徒劳的，因为距离是无法穿越的。他的那些孤独的形象，由于相距着难以越过的一个房间、一块草坪或一个林间空地，而阻挡着参观者的脚步，没有人敢跨过去。它们站立着，好像是在证实贾科梅蒂在遇到势均力敌的对手时所显露的无能为力。

但这并不意味着他是一个愤世嫉俗的人。他的冷漠之中交织着畏惧，不时还带有赞美，偶尔又怀着崇敬。他和对象之间常常是疏远的，当然，正是人类才创造了距离，在人类之外，距离则是毫无意义。距离能把海洛和利安德远远隔开①，把马拉松同雅典隔开，但却不能从一个卵石分出另一个来。

《贾科梅蒂的绘画》

我第一次领悟到距离的含义是在 1941 年 4 月的一个夜晚。那时，我在一个像沙丁鱼罐头盒一样的监狱里度过了两个月的时光②，受够了绝对接近的受憋的滋味。我居住空间的边界就是自己的皮肤，日日夜夜我的肉体尚能感觉到的只有肩膀和胸膛的温暖。但这并无狭小不堪的感觉，因为他者也正是我自己。

《贾科梅蒂的绘画》

他的那些雕塑人物形象都是孤独的，但当他将它们安放到一起的时候，不管他是怎么排列的，孤独又会把它们紧紧相连而构成一个小小的

---

① 海洛（Hero）和利安德（Leander，亦作 Leandro），为希腊神话中的一对情人。

② 第二次世界大战爆发后，萨特曾于 1938 年 9 月应征入伍，1940 年在战斗中被俘，1941 年获释。

魔幻般的社会:

> 在清理桌子时,我注意到这些被随意摆在地板上的人物,我意外地发现它们竟分成了两组,这正同我所寻求的不谋而合。于是,我就这样没作任何变动地将它们安放在基座上。……

> 《贾科梅蒂的绘画》

贾科梅蒂有一个以一组群像为场景的雕塑作品。他塑造的是一群男人正穿过一个广场,而彼此之间却感受不到他人的存在。他们绝望而又孤零零地走着,然而他们又在一起,他们永远相互迷失,形同路人,然而要不是他们相互追寻的话他们又是从来不会彼此迷失的。他对宇宙的理解比之我来可能要深刻得多。谈到他的一组群像时他曾写道,它使他想起了:

> 观察了多年的一片森林……这一片不结果实、躯干修长的森林,就像是一群停止脚步、互致问候的人一样。

> 《贾科梅蒂的绘画》

如果不否认真空(vacuum)形式存在的话,这种只能用语言沟通的环形的距离究竟是什么呢? 时而冷嘲热讽或傲岸不羁,时而又礼貌谦恭和温文尔雅的贾科梅蒂看到处处都是空间。你可能会说:"处处? 不可能吧,有许多事物是紧密联系着的呢!" 那么,贾科梅蒂对什么都会不置可否,对此也是这样。日复一日使他着迷的是那些椅子的腿,用他的真空眼光看,它们几乎是没有触及地板的。他觉得在事物之间、人们之间都无法沟通,真空渗透于万事万物,任何一种生物都在创造着它自身的真空。

> 《贾科梅蒂的绘画》

出于对空虚的困惑,贾科梅蒂变成了一位雕刻家。他在谈到自己的一个小雕像时曾写道:"那是我,正冒着大雨奔向大街。"不过,雕塑家很少有为自己创造一个半身像的。那些试图塑造一幅"自我肖像"的人，也只是从外表上戴着眼镜观察自己。他们是客观主义的真正倡导者。让我们设想一位抒情雕塑家吧：他力图表现的是自己的内在情感，是那种包围着他的、使他毫无防范地面对暴风骤雨的广阔无垠的空间。贾科梅蒂是一个雕塑家，他就像蜗牛套上了硬壳一样披上了他的真空，他想多侧面地表明对象自身的一切。有时他觉得自己处处感受到的淡淡的落魄情怀是适宜的——有时候他又为此不寒而栗。

《贾科梅蒂的绘画》

一次，一位朋友同他一起来到家里。起初贾科梅蒂很高兴，不久就有些心烦意乱了，他后来这样说道："一天清晨，我睁开眼发现他的裤子和上衣占据了我的空间。"并且，有时候他紧擦墙壁，沿着围墙走动，似乎环绕着他的空间都预示着灾难、不幸和崩溃。无论如何，他必须充分证明它的现实存在性。

《贾科梅蒂的绘画》

贾科梅蒂能不能通过雕塑来达到自己的目的呢？靠着捏制灰泥或石膏，他从一种充盈的实体中创造着真空。当他脱手的人物塑像距他有十步之遥时，无论我们怎么看，他总是保持着自身那既定的距离感。雕塑品本身已经决定了观众在欣赏时所必需的距离，这正如古时的宫廷风度决定着与国王讲话时所必须遵循的距离一样。距离空间形成于客观情势之中。贾科梅蒂的每一个作品都是为自身创造的一个小小的局部真空，然而那些雕塑作品的细长的缺憾，正如我们的名字和我们的影子一样，是我们自身的一部分，还不足以构成一个完整的世界。这也就是所谓的"虚无"（void），是世界万物之间的普遍距离。譬如，一条街道本是空旷无人的，沐浴在阳光之下，突然之间，一个人出现在这个寂寥的空间，虚无亦作如是观。

《贾科梅蒂的绘画》

雕塑能从一种实体当中创造出真空，但它能够从一种明显的真空状

态中表现实体（plenum）的渐近式显现吗？贾科梅蒂为了回答这个问题已经进行过上百次的探索。他的作品《笼子》就正好体现了他的"废除雕像座石，以便实现创造一个头部、一张脸形的有限空间的强烈愿望"。这就是问题的关键所在，因为真空永远先于其客观对象之前而存在，除非它为屏障所隔。如他自己所说，《笼子》是"我曾见过的一个房间。我甚至看到了那个女人身后的窗帘……"他又说，还有一次，他创造了"一个小雕像，这个雕像是在一个盒子里，而盒子又居于两个代表房子的箱子之间"。总而言之，他为自己的人物肖像设置了一种框架，结果，它们就能和我们保持着一定的距离，并且生存在一个由它们独特的距离所构成的更为狭小的空间里，居住在一个它们无法使之充实也无法改变，而只能忍受的预制的真空之中。

《贾科梅蒂的绘画》

　　如果不是一幅绘画作品，这个被塑造的普遍化的真空是什么呢？贾科梅蒂在从事雕塑时是激情澎湃的，而当他作画时又变得冷静客观了。他试图捕捉安妮特和迪埃哥①在一个空房子或是在他的画室中突然出现时的个性特征。我在其他地方也一直试图表明，他是以一个画家的审美观来从事雕塑创作的，因为他就像处理绘画作品中的人物那样处理一个石膏塑像。他赋予自己的雕塑品以固有的、意象上的距离感。与之相反，也可以说他又是以一个雕塑家的审美观来把握绘画的，因为他想使我们相信，一个被特定框架限定的想象的空间是真正的虚无，想使我们能够通过厚密的空间层面去觉察他所绘制的那个坐着的女人，并且想使自己的油画像宁静透明的水，让我们就像兰波②看到在湖水中的房子那样看到他画中的人物——就像一块印有图案的透明物一样。

《贾科梅蒂的绘画》

---

① 安妮特为贾科梅蒂的妻子，迪埃哥是他的兄弟。
② 兰波（Arthur Rimbaud，1854～1891），法国象征主义诗人。

萨特哲思录

　　贾科梅蒂就像别人绘画那样去雕塑，又像别人雕塑那样去作画，他究竟是一个画家还是一个雕塑家呢？可以说都是，又都不是。说他既是画家又是雕塑家，那是因为他的时代不允许他既做画家又当建筑师。为了再现那不时困扰着他的孤独之感，他操起了雕刻刀；为了把人和事物重新置诸世界之中——那就是无所不在的虚无——他又举起了画笔。他发现运用绘画去描绘他原来打算表现的原型要方便得多。当然，有时候，他知道只有雕塑（不过有时也只有绘画）才能使他"认清自己的意象"。不管怎么说，这两者是密不可分而又是互为补充的。它们使他可能以各个不同的形式去处理他和其他事物的联系，无论距离的本源是归因于不同的艺术表现手段，还是在于他本人，抑或是宇宙自身。

《贾科梅蒂的绘画》

　　人们何以能画出一种真空呢？在贾科梅蒂之前，几乎没有人做过这种尝试。五百年以来，画家们已经把他们的画布填充到爆满的地步，甚至想把整个宇宙都包揽无遗。贾科梅蒂则是通过把世界赶出自己画布而开始他的艺术生涯的。例如，他在描绘其兄弟迪埃哥时，将其表现为孤零零地迷失在飞机棚里，这就够了。

《贾科梅蒂的绘画》

　　一个人必须同他周围的一切事物隔开。这常常是通过突出他的轮廓而实现的。一条直线是由两个平面相切而产生的，而空旷的空间既不能被看做平面，也不能被看做有容积的立体。一根线条常用于把容器与容量隔开，而一种真空却压根儿就不是一种容器。

《贾科梅蒂的绘画》

　　难道迪埃哥是以他身后的隔墙为背景而被勾勒出来的吗？不对，"前后背景"的关系只有当表面相对平展的时候才存在。除非他是靠在墙上，否则，那远处的隔墙对迪埃哥来说就不能"充作一种背景"，简言之，他和隔墙没有任何联系，更确切地说，仅有这样一点联系，那就

是人物和物体处于同一个平面上，因而，必须保持适当的联系（如色彩、对比、分割等），以赋予其画面以整体感。但是，这种联系同时又被介于它们之间的真空给抹掉了。

《贾科梅蒂的绘画》

我们大概都知道阿契姆博耳多①在描绘杂乱的蔬菜和随意堆放的鱼儿时所取得的成功。他的技巧为什么会这样引人注目呢？是不是因为我们对这个过程一直非常熟悉呢？难道所有的画家都是用自己的方法进行创作的阿契姆博耳多吗？难道他们不是日复一日、一次又一次地在每一副面孔上创造出一双眼睛、一个鼻子、两只耳朵和 32 颗牙齿吗？其区别何在？如果他取下一块圆形的红肉，在上面挖出两个小洞，把里面分别装上白色大理石，再雕刻出一条鼻梁，将其像假鼻子那样镶嵌在眼球下面，并且再掏第三个洞作嘴，在里面装上一些白色的卵石，那他岂不是用各种不同种类物体的组合代替了面部那不可分割的整体吗？虚空（emptiness）暗示着自身无处不在：它存在于眼球与眼睑之间，双唇之间，乃至于鼻孔之中。头部简直变成了一个小小的群岛。

《贾科梅蒂的绘画》

你可能会说，这种巧妙的组合与现实是一致的，你看那眼科医生不是也在眼眶里作眼球移植手术吗？牙科医生不是也常常给人拔牙吗？或许是这样。不过画家所要画的是什么呢？它到底是什么？我们又看到了什么？是怎么看到的？

就拿我窗下的那棵栗子树来说吧。有些人可能会把它描绘成一个巨大的球体，一个不停摇动着的整体；而另外一些人却偏偏画出了它的叶子，展示它的木纹。可我自己看见的究竟是一团叶子还是许许多多分开的叶子呢？我只能说，这两种状态都看见了，但又都不是它的全部。结

① 朱塞佩·阿契姆博耳多（Giuseppe, Areimboldo）。16 世纪意大利米兰画家。

果我的视线不停地转换于两者之间。你说看一片片的树叶吧？我简直没法看到它们的全部，因为当我的视线正要落向它们的时候，它们突然从眼前消失了。你说把树叶作为整体来观赏吧？也是一样，当我正要感受到它时，它又离散成为一片片叶子。总而言之，我看到的是蜂拥般的内聚，骚动般的弥散。就让画家们去描绘吧。

《贾科梅蒂的绘画》

存在·虚无

"如果否定不存在，那任何问题都不可能被提出来，……为了使世界上有否定，为了使我们得以对存在提出问题，就应该以某种方式给出虚无"。

《存在与虚无》

"虚无是由于人的自由而出现在世界上的。"

《存在与虚无》

"自由，作为虚无的虚无化所需的条件，不是突出地属于人的存在本质的一种属性，……人并不是首先存在以便后来成为自由的，人的存在和他是自由的这两者之间没有区别。"

《存在与虚无》

"自欺之所以可能，是因为它是人的存在的所有谋划的直接而永恒的威胁，是因为意识在它的存在中永远包含有"自欺"的危险。"

《存在与虚无》

"身体不是别的，就是自为。一方面身体是自为的必然特性：……

身体必然来自作为身体的自为的本性。另一方面，身体正好表露了我的偶然性，……身体表现了我对世界的介入的个体化。"

《存在与虚无》

应该懂得，我不仅必须永远将我想逃避的东西携带在"我"身上，而且同样，为了逃避我害怕的对象，我应该追随它。这意味着：焦虑、焦虑的意向目标、以及从焦虑向着宁静的假话的逃避应该在同一个意识的统一中被给定。总之，我的逃避是为了不知，但是我不能不知道我正在逃避，而且对焦虑的逃避只是获得焦虑的意识的一种方式。于是，严格说来，焦虑既不可能被掩盖，也不可能被消除。然而，逃避焦虑和焦虑完全不可能是同一回事：如果我为了逃避焦虑而成为我的焦虑，那就假设了我能就我所是的东西而言使我自己的中心偏移，我能在"不是焦虑"的形式下是焦虑，我能有在焦虑内部虚无化的能力。这种虚无化的能力在我逃避焦虑时使焦虑虚无化，在我为了逃避焦虑而成为焦虑时，这种能力本身化为乌有。这正是所谓"自欺"。

《存在与虚无》

"自欺的原始活动是为了逃避人们不能逃避的东西，为了逃避人们所是的东西。"

《存在与虚无》

"应该选择并考察一种被规定的态度，这种态度本质上是属于人的实在的，而同时又像意识一样不是把它的否定引向外部，而是把它转向自身。这态度在我们看来就应该是自欺"。

《存在与虚无》

例如，这是一位初次赴约的女子。她很清楚地知道与她说话的人对她抱有的意图。她也知道她或早或迟要做出决定。但是她不想对此显得急迫：她只是迷恋于她的对手的恭谦、谨慎的态度对她显示出来的东西。她不把这种行为当做实现人们称之为"最初接近"的企图来把握，就是说，她不想看到这种行为表示的时间性发展的可能性；她把这种举止限定在它现在所是的范围内，她不想理解人家对她说话中间的言外之意，如果人家对她说："我是如此钦慕您"，她消除了这句话深处的性的含意，她把被它认作是客观品质的直接意义赋予她的对话者的话语和行为。……但是这时人家抓住她的手。她的对话者的这种活动很可能因唤起一个直接决定而改变境况：任凭他抓住这只手，这本身就是赞同了调情，就是参与。收回这只手，就是打断了造成这个时刻的魅力的暧昧而不稳定的和谐。关键在于把决定的时刻尽可能地向后延迟。人们知道那时的结果是：年轻的女子不管她的手，但是她没有察觉到这一点。她没有察觉到它，因为她碰巧在此刻完全成为精神。她把她的对话者一直带到爱情思潮的最高境界，她谈论生活，她的生活，她按她的本质面目显示出自己：一个人，一个意识。在这个时刻，身体和心灵的分离就完成了；她的手毫无活力地停留在她的伙伴的温暖的手之间；既不赞成也不反对——像一个物件一样。 *《存在与虚无》*

我们看到，象征性绘画包括三个要素：现实被描绘在画布上，表现则由画家提供，存在最终渗透在作品里。这种三位一体似乎必然产生混乱，确实如此。虽然我们把现实设想为指点迷津的向导，可实质上模糊不清的现实并不能引导什么。它浮动于太空，充盈于天地，不受任何限制。只有当它变成实际的艺术存在，即只有把它改造成为一种想象的物体时，才能被人们所驾驭。不经过大量地改造，作为表现对象的原野就无法传达大自然的魅力或恐怖；相反，它会原封不动地再现自然界的聚合或离散。艺术能反映万事万物，但它并不与现实一致。艺术和现实没有必然的一致性，而常常具有的倒是分裂性、荒诞性、混乱性。

对于千篇一律的混乱的现实，如果不进行艺术的裁剪，就无法传达艺术家感受到的大千世界的复杂结构。促使拉普加德发展绘画艺术的是他的生命实践，即他度过的和尚未度过的时光。这些都有力地促进着他在创作中对物体的变形。生活原型的乏味的特征是不能搬进作品的，并

且也不能把对象描绘成为某种假定类型或符号的一般特征。假如把现实对一个人的影响和这个人对现实的永恒的激情改编成电影，搬上银幕，必将赋予自然对象以独特的个性，它们将唤起生命的冒险，沉思愚昧的诞生和匆匆来临的死亡。

《没有特权的画家：拉普加德》

相同的偶然性的事物，要想成功地构成作品，都必须根据艺术的需要加以改造——将其提炼、加工和浓缩。凡·高虽然自称是在"描绘"一片原野，然而真正该做些什么他还是心中有数的。他笔下的画面是井然有序的，然而他从不试图去精确地再现那微风吹拂麦田时的柔和的涟漪，从不试图完美地再现那动摇不定而又往来密切、作为世界中心的人类的存在，也不想通过世界的这个部分去揭示他曾加以界定的人类心灵的存在。

《没有特权的画家：拉普加德》

最后，当他放下调色板的时候，当存在被体现在作品中的时候，对象的呈现变成了什么呢？它成了一种色彩的明暗、一些线条的痕迹，不过是对所呈现之物的有意味的暗指而已。它成了一片原野，是艺术家最终试图表现的平坦的原野。如果这世界没有在摇曳起伏的麦浪之中，在天际阳光的浑厚或地平线的星光璀璨之中——它们是画布上惟一的居民，是创造行为的唯一的真实踪迹——逐渐解救和体现它自身，那么画面是会从画布上被抹去的。

《没有特权的画家：拉普加德》

在象征性绘画中，常规并不是重要的因素。如果能使我们确信，在这个参照系中，所设计的图案是客观对象的最成功的表现就足够了。最有效的方法就是最有力、最丰富、最有意义的形式。这是一种偶然性或技巧的问题。这样，从上个世纪以来，每一次新的选择都导致作品和现实之间的隔阂越来越大。而这两者的距离越大，作品的内在伸缩性就越强。当艺术家全然不顾两者的相似点的时候，在现实和艺术形象之间，除非是偶然现象外，就排除了相似之处。这时，意义经过"表现"的蜕变而形成多义性，并开始产生消极的影响，几至成为毁灭现实生动性的产物。画面中常常闪射出变形、空白、近似、蓄意的模糊不清，等等。又因为必须将无与伦比的存在融进这种图形之中，无形之间使人茫然无措。

《没有特权的画家：拉普加德》

请注意他所勾画的复杂的线条是怎样被融进描绘的形式里去的，看看它们是怎样体现生命与它自身存在之间的紧密联系的。一件外套的褶皱，一个面孔上的皱纹，一块隆起的肌肉，一种动态的方位，等等——这一切线条都是向心的。它们迫使观众的视线随着它们而到达人物的中心。他笔下的面孔似乎是在某种收敛剂的作用之下收缩着。使人觉得好像再过五分钟就会变成拳头大小了。像一个萎缩了的头。并且，身体的轮廓线在消失。那个厚重的肉体常常在富有力量性的线条之下被他用一团褐色的模糊光环含糊而又巧妙的区分开来——有时它简直是无边的，一只胳膊或一个臀部的轮廓都可能消失在令人眼花缭乱的光线之中。

《贾科梅蒂的绘画》

不意味着是和马森①在一幅画中试图表现的把对象支离破碎地分布在整个画面上而赋予它无处不在的相似性一样。如果贾科梅蒂不能划分出一只鞋子的边线，那并不是因为他相信那鞋子是没有边沿的，而是期待着我们去填补它的边线。那些沉重而密实的鞋子确实在那里存在着。要看到它们，我们并不一定要实打实地观察到它们的全部。

展现在我们眼前的完全是出人意料的非物质性的东西（dema terial-ization），对此，我们会感到十分突兀。例如，看到一个双腿交叉的男人时，只要见到他的头部和胸部，我便深信他还有腿，甚至觉得可以看

---

① 安德烈·马森（Aalré Masson，1896~），法国画家。

到这双脚。可是，假如我真的把目光投向它们时，它们又崩散了，消逝在灿烂的雾霭之中，我不再知道虚无从何而始，人体从何而终。

《贾科梅蒂的绘画》

要想了解这个步骤，我们只要看看贾科梅蒂有时为他的雕塑所画的草图就明白了。一个基座上的四个女人——妙极了。让我们仔细地打量一下这个画面吧。我们首先看到的是用粗线条勾画出来的头和脖子，接下来是一片空白，然后是环绕着肚皮和肚脐这个固定点的张开的弧线。我们还看到了一条大腿的残肢，然后又是一片空白，接着是两条垂直线条，再往下又有另外两条。这就是草图的全部。我们是怎样辨认一个完整的女人形体的呢？这里运用了重新建立连续性的知识，靠我们的眼睛将那些不连贯的片断连接成一个整体。比如，在一片空白处我们看到了肩膀和胳膊，之所以能看到它们，完全是因为我们已经识别出了头部和躯干。

《贾科梅蒂的绘画》

那些部分确实是存在的，虽然并没有用线条把它们表现出来。同样的道理，有时候我们也能理解那些没有用文字表达的清晰而又完整的观念。人体是一种由它自身两端构成的流动体。我们面对的是绝对的现实，也是无形空白的张力。然而，难道纸上的空白不能表现空旷的空间吗？当然可以。贾科梅蒂不仅抛弃了物质材料的惰性，而且也排除了绝对虚无的惰性。真空是一种膨胀了的实体，而实体又是一种定位了的真空，现实也由此迸射出火花。

《贾科梅蒂的绘画》

你们注意到了贾科梅蒂画中人物躯体和面部那淡笔轻抹的许多线条吗？用女裁缝的话来说，迪埃哥不是被细密地缝制在画布上，而是用长针脚疏缝着的。会不会是贾科梅蒂想"清楚地填写黑色的背景"？差不多可以这样说。他所强调的不再是把实体从真空中分离出来，而是描绘出丰饶本身。既然它是既完整又多样的，不分开又怎能加以区别呢？黑色线条是危险的，因为它们很可能会抹掉存在，造成生硬割裂。假如用黑色线条去描绘一只眼睛或勾勒一张嘴巴，可能会使人产生这样的印象：那是对象身上的中空的细管。白色的条纹则是无形的向导，它们吸引着目光，规定着它的活动方向，最终又消融在它的凝视之下，而不会产生什么不利影响。

《贾科梅蒂的绘画》

　　他成功的奥秘何在？决不是只靠他那十分精确的感觉，当然也不是含糊不清的。因为缺乏感知的精确性，他处理了而不是暗示了存在的绝对精确。就它们本身看来，在有着较高鉴赏力的其他人看来，在安琪儿们看来，他的人物相貌完全符合个性原则。不难看到，它们的每一个微小的细节都是精确细致的。我们一眼就能认出迪埃哥和安妮特就是明证。如果需要的话，仅此一点就足以洗清贾科梅蒂身上的主观主义的污点。

　　但是，与此同时，我们无法毫不费力地观看他的油画。我们都会生出一种抑制不住的强烈欲望——找一支手电筒或者至少是一根蜡烛。是由于云雾朦胧，还是日光暗淡，抑或是我们的双眼过于疲倦？迪埃哥是低垂眼皮还是高抬眼睑？他是在假寐还是在做梦？抑或是在窥视？当然，这决非是某一人的疑惑，在大型展览会上，人们也一直在问着类似的问题。在如此温文尔雅的画像面前，任何一种答案都同样合适，而又决无必然的答案。

《贾科梅蒂的绘画》

　　通俗画家们拙劣的含糊不清与贾科梅蒂着意经营的模糊性技巧决无相同之处。他的这种手法要是被称作超确定性（overdetermination）可能更为恰当。我转身看着迪埃哥时，发现他交替地入睡和醒来，一会儿注视着天空，一会儿注视着我。一切都是千真万确的，一切都显而易见。但是假如我稍稍把头低一下，变换一下自己的视角，这种真实感就

消失了，而代之以其他的东西。如果经过一番若苦思索以后，要求对此做出某种评论的话，我惟一求助的是尽快离开此地。因为这时，我的意见仍然是支离破碎、若有若无的。

《贾科梅蒂的绘画》

贾科梅蒂的每一幅画都使我们回到虚无这一创造的时刻。每幅画都不断重述着这样一个古老的玄学问题：为什么画里总有点什么，而非空空如也？然而，所谓的有点什么是指那些执拗的、无理的、不必要的幻象的再现。画中的人物之所以容易引起幻觉，是因为他们是以一种令人疑惑的幻象的形式表现出来的。

《贾科梅蒂的绘画》

艺术家怎样才能不加限制地把一个人物描绘在画布上呢？难道它不能像从深水处浮到水面的鱼儿那样在空旷的空间里畅游吗？不，绝对不行。一根线条就将限制其自由伸展，并代表外在与内在的平衡。迫于外部力量的压力，它只能把自身依附在采用某一对象的外形上，它是迟钝和被动的象征。

然而，贾科梅蒂并不认为限定性是一种任意的限制。在他看来，一个对象的内聚力以及它自身的丰富性和确定性是一致的，与它肯定性的内在机能有着同一效应。"幻象"（apparitions）在界定自身的同时既确证了自身又限制了自身。就像数学家们研究的那些奇妙的曲线那样，既环绕又被环绕，艺术对象也是自身环绕的。

《贾科梅蒂的绘画》

一天，贾科梅蒂在为我画素描时，突然惊讶地叫道："多么厚实呀！多有力度感和线条感啊！"这时，我比他更为惊讶，因为我深知自己的相貌是瘦弱的，毫无特色。究其原因，在于他把每一个形象都看做一种向心力，一副面孔也会像螺旋形那样不断发生变化。如果背过身去，你将永远不能找到一种外形轮廓——只有一种占据空间的实体。线条是否定的开端，是从存在到虚无的通道。贾科梅蒂认为，现实是绝对的实在，它存在着，又可以在倏忽之间化为乌有，在存在与虚无之间没有可供想象的过渡。

《贾科梅蒂的绘画》

例如，当我从一片光亮之中，从一摊墨迹之中，或者从窗帘的图案之中发现一张脸庞的时候，出其不意呈现的脸形会呆板地印入我的脑海。纵然除此而外并无别的方式去感受它，我也深信别人看到的与我所见的一定大不一样。但我看到的光亮中的脸庞是缺乏真实感的，而贾科梅蒂的绘画却能激发我们的热情，同时让我们深信这样一个事实：这是真实的，我们对此坚信不疑。无论发现与否，它总是存在着，就在我鼻子底下，只不过我视线混浊，双目疲倦，只得放弃欣赏。这时我开始懂得，贾科梅蒂折服了我们，是因为他在陈述这个问题时颠倒了事实。

《贾科梅蒂的绘画》

安格尔①的一幅画也具有启发意义。如果我瞩目于那位东方女奴的鼻尖，面孔的其余部分便显得优美而又柔和，就像粉红色的奶油，只有双唇娇嫩红润。如果我把注意力转向双唇，它会从阴影中浮现出来，带着湿润微微张开，轻轻嚅动，这时鼻子消失了，为背景中差别的淡化所吞没。然而，我不会为它的消失而不安，因为经验告诉我，如果愿意，我随时可以把它再现出来。

《贾科梅蒂的绘画》

贾科梅蒂看见什么，就画什么。他力图使自己那些原本处于真空中心的人物，在静止的画布上永远游移于连续和中止之间。由于头部的至高无上的地位，由于躯体部分想使其成为腹部的潜望镜，正如欧洲被认

---

① 吉恩-奥古斯特·安格尔（Jean-Auguste Ingres，1780~1867），是继大卫（Jacques Louis David，1748~1825）之后法国新古典主义绘画的中坚人物。

为是亚洲的半岛那样，贾科梅蒂想把头部同其他部分立刻分开。眼睛、鼻子、嘴巴——这些他想用以构成树冠整体的叶子，既相互隔离又混和交织。他成功了，这是他的极大的胜利。

《贾科梅蒂的绘画》

就贾科梅蒂来说，对现实的颠倒是具有真实感的。想使一个局部清晰而安详，我所要做的就是千万别把注意力集中在这上面。从眼角侧视他的作品时，进一步证实了我的想法。如在观察迪埃哥的眼睛时，我对此盯得越久，它和我的交流就越少，但我随意斜睨他那凹陷的双颊时，两个嘴角便会露出一丝诡秘的微笑。假如我又过分认真地把注意力集中在那张嘴巴时，一切便瞬息即逝。这时，这个嘴是个什么表情呢？是严厉，是痛苦，还是讥讽？它的形状是大张着的，还是紧闭着的？一切都叫人无从断定。与此相反，这时我却知道了他的双眼倒是半闭着的，尽管它几乎是在我的视线之外。由于被魔幻般面孔的成形、失形又成形的困扰，任何东西也不能阻止我不断转动双眼。纵然如此，令人难忘的还是它的可信性。幻象只呈现于视野的边缘，一旦正面观察它就会消失。……

《贾科梅蒂的绘画》

这些别具一格的人物形象是如此完美无缺以至于常常变得透明可见，他们是如此成熟、如此真切，以至于确凿得如同切肤之痛那样令人难以忘怀。他们究竟是在出现还是在消失？大概两者都是。有时，他们的面貌是这样清晰可见，我们做梦也不会想到对此有什么疑问；有时，我们又不得不迫使自己去弄清他们是否真的存在。假如我们硬要仔细探究它们，整个画面就会充满生气，犹如暗淡的海潮从他们身上滚滚而过，只留下油污点点的表层；然后，波浪又渐渐退去，他们又会在水下熠熠闪光，洁白无瑕而又形神毕现，他们的再现已是毋庸置疑的了。他们又犹如那受到压抑的低沉的呼叫，传到山头，震动着某个听者的耳膜，告诉他有人在某处悲伤或正在呼救。

《贾科梅蒂的绘画》

这种出现与消失的更替、飞逝与挑逗的迭变，赋予贾科梅蒂的人物肖像以卖弄风情的神态。他们使我想起了从柳树林中情人的身边逃走，同时又渴望情人快来追求她的格丽特尔（Ga-latea）。是的，他们的卖弄风情和忸怩作态，是因为他们的姿态是单纯的，而他们的凶相毕露又是由于被空虚所困扰。正是由于我们的疑惑和无所适从，这些虚无的化身才获得了一种存在的实体。

《贾科梅蒂的绘画》

魔术师的每次夜场演出至少都有三百多个同谋，即他的观众外加他的特殊本领。比如，他在身上一条鲜红的袖子里布置一条木头胳膊，使其固定在自己肩膀上，台前的观众们期待着他的两只胳膊套在两个相同的袖子里。经过一番伪装，他们看到了两只胳膊，两个袖子，于是一个个都自信没有看错。与此同时，那支在暗处用布遮人耳目的真正的胳膊，这时却拿出一只兔子，一张卡片，抑或是一支烧着的香烟等。

《贾科梅蒂的绘画》

贾科梅蒂的艺术和魔术师的技巧颇为相似。我们既是他的受骗者又是他的同谋。假若没有我们的热情，没有我们的轻信，没有我们感官易于受骗的习性和知觉的矛盾特征，他就永远不能赋予他的人物肖像以活泼的生命。他的艺术灵感的产生不只是得力于他所看到的东西，尤其是来自他想象着我们将要看到的东西。他的目的并非是为我们提供精确的形象，而是创造神似（likenesses），尽管他们并不想代表自身以外的任何东西，但他们在我们身上唤起了那种通常只有在现实人物面前出现的情感和态度。

《贾科梅蒂的绘画》

在格里温（Grevin）博物馆，人们也许会被一个蜡制卫士的出现而弄得恼怒和恐惧。没有什么比利用这种把戏煞费苦心地设置一些滑稽剧更容易的了。然而，贾科梅蒂并不怎么喜欢这类小闹剧。只有一次例

外，而正是这惟一的例外使他奉献了自己毕生的精力。他深深懂得，
"伪造的怪物"除了使观众人为地产生恐惧以外，别无他益①。

《贾科梅蒂的绘画》

尽管他深信这一切，但他并没有失去希望。总有一天，他会为我们
创造出一幅在外表上像所有其他人一样的迪埃哥的肖像。不过我们事先
就该知道，那不过是一个幻象，一个徒劳的错觉，一个安放在自己画框
中的囚徒。然而也就在这一天，在这幅缄默的油画面前，我们必将会为
之一震——微微的一惊，就像深夜归家而迎面自黑暗中走来一个陌生人
时所产生的惊恐。

那时，贾科梅蒂将会看到，通过他的美术作品，已经孕育并产生了
一种真情实感，他那些不断产生着幻觉的相似，刹那间被赋予可靠的动
力。我们期待着他不久能献上这样一个不可小视的滑稽剧。如果他不能
取得成功，那就后无来者了。无论怎么说，他艺盖群芳。

《贾科梅蒂的绘画》

可视性·隐蔽性

美，并非是单一的，它必须是两种因素的统一，一是它的可视性，
二是它的隐蔽性。如果我们经过一番艰苦的艺术努力，观众却能一眼就
看透了作品的本质，那就应该减少它呆板的可视性，否则就会丧失美
感，只剩下其装饰性的外表。要是赋予它以更多的技巧，画家和观众所
渴望的二者的协调一致，就只能通过对某些存在的不断的重新组合来实
现。反过来说，这种存在也只有通过艺术的媒介，只有把我们的努力和

---

① 萨特的第一部哲学著作就是对想象的研究，1936 年用法文出版。1948 年
又以《哲学与想像》为书名用英文出版。(纽约：哲学文库)

画家的努力协调起来构成或重构一种整体的美，才能为我们传达出不可
分割的艺术整体。

《没有特权的画家：拉普加德》

　　这种行为是纯粹的审美活动，不过，如果我们对画面保持一定限度
的距离，整个作品就将渗透各自的视觉综合，并由此构成它的形体，给
予它以力度。我们必须重新找到画家为我们勾勒的通向艺术美的途径并
紧紧抓住它们，必须重建那些不连贯的有色斑点和精炼的内容要素，必
须恢复其共鸣和韵律。只有这时，我们才领悟到艺术的存在，被否定的
直觉才得以拯救。由于调整了我们的选择，也使我们视觉活动保持了正
确的方向。欣赏者对艺术形象的"再创造"需要建立一种视觉联系，
而要确保这种"再创造"的实现并避免谬误，则需要一种超然的统一。
这种统一确保观众的双眼不停地运动，而视觉的移动就是视觉整体性的
原因。我们不停地观赏着，因为一经中断，一切都将是散沙一盘。

《没有特权的画家：拉普加德》

　　这种存在是什么呢？我得赶快说明，拉普加德并不是一个柏拉图主
义者，我也不是。他不是靠某种观念来指导创作的，不是的。他完成每
一幅作品的指导原则都与这一问题密切相关，即离开别人就无法生存。
这个抽象派画家力图把一种具象性的存在熔铸在每件作品中，如果要指
出它们的共同特性的话，那么，倒不妨说这些作品都是探索特定意义的
有为之作，而这种探索本身就是取得成功的明证。

《没有特权的画家：拉普加德》

　　一个特别需要说明的问题是：意义，并不是一种标记或符号——甚
至也不是一种意向。当我们欣赏克雷莱托①的绘画《威尼斯》的时候，

---

　　①　乔凡尼·安东尼奥·克雷莱托（Giovanni Antonio Canaletto，1697～1768），
因为他的精确性，也因为他对色彩和气氛的良好的感觉而引起世人的瞩目。

感觉其相似性几至可以乱真。他那体现了完美的透视法和地形精确性的"虔诚的观察"，容不得半点曲解。这也就是该画为什么没有意义的原因，还不如一幅《识别名片》更有意义。当加蒂①表现沐浴在阳光下的四散的垃圾和砖头时，他选择的那些小巷和沟渠就是毫无意义的。他还在画中为我们展示了一个普通的码头，并着意表现光线的解体。克雷莱托用画笔描绘了他的家乡，而加蒂关心的只是造型问题，以及光线与物质的关系、色彩与光的关系，如何通过变形去实现多样统一等。结果，威尼斯被表现在每个画幅之中——好像是为他自己画的，又像是为我们而作。画中所见的一切，好像每个人都经历过，又好像从没有人见到过。我曾经在一条河边的一个漂亮的砖房小楼拜访一位作家。在那里，加蒂喜欢描绘的东西我似乎一件也没见到。尽管如此，当我一看到这地方，当我在这儿观察主人的周围环境时，我脑海便会立刻闪现出加蒂的影子。这时，我仿佛又看到了他的威尼斯，我的威尼斯，被我们大家体验过的威尼斯。我对别的人们，别的事物，别的地方的感觉也都出现过同样的情形。难道这一切和加蒂笔下的威尼斯完全相同吗？那倒不一定。意义取决于它所表现的物质对象。加蒂常常说，他比我们体验得多一些，所以，对于所表现的对象有不同的见解。

《没有特权的画家：拉普加德》

象征性绘画首先就要服从于两个规则的统一。可是，自相矛盾的是，无形存在的具体性被一种表面的联结——那种使肖像从属于原型的僵化的、机械的联结——所掩盖。这位把整个身心都融进了自己作品的画家深信，葡萄必须被画成一串一串的，似乎从阿佩莱斯②以后，艺术

---

① 弗朗西斯科·加蒂（Francesco Cuardi, 1712～1793），他的风景画是把整个图形都融入光和色之中以刻画性格。
② 他的最著名的肖像画是《伟大的亚历山大》，他用色彩着意清晰地突出了他的庇护人的一只手。阿佩莱斯（Apelles），约为公元前四世纪后半期的古希腊画家，擅长肖像画，据传，所作《维纳斯》，把女神画成从海上出现的样子，可透过海水看到半淹在海浪下面的身体。无作品传世。

家除了愚弄那些小鸟，就再也没有别的雄心了①。但是，凡·高②在描绘一片原野时，他并没有打算把原野照搬到自己的画布上。他惟一的创作准则是通过虚构的图形支配着自己的艺术，如把现实对一个人的影响和这个人对现实的永恒的激情改编成电影，搬上银幕，必将赋予自然对象以独特的个性。

《没有特权的画家：拉普加德》

凡·高笔下的原野中没有乌鸦，也找不出一株果树。理由很简单：这些物体有碍于整体象征。他为蔑视画笔的那种存在的具体性提供美的物质——大自然在被原野覆盖的过程中，其生机与花朵似乎是从"一根魔杖"中源源而生。进而艺术形象必须更加远离其原型，而客观世界也就变得面目全非了。如果凡·高要通过艺术表明，自然界的微妙而又单纯难避令人憎恶之嫌，他便开始随心所欲地歪曲这一切。

《没有特权的画家：拉普加德》

因为眼睛能直接影响交流，又能衡量不断再创造的结果和抽象艺术永恒的生动性，拉普加德必须使自己的眼睛保持其敏捷性和持久的注意力。因为作品的意义是从作品整体中得以显示的，又由于它的展示促进了整体的形成，所以必须有自然的交流。创造了这种条件而又不为实现目标提供一定的方法，必然会使作品面临模糊难辨的危险。

《没有特权的画家：拉普加德》

我以为，这就是对拉普加德的深切认识。绘画是一种重要的交流途

---

① 黑格尔说："宙克什斯（Zeuxis）画的葡萄从古到今都被公认为艺术的胜利，同时也被公认为摹仿自然原则的胜利，因为真有活的鸽子啄食这些画的葡萄。"
② 文森特·凡·高《Vincent Van Gogh, 1853～1890》，荷兰画家，后期印象派代表人物之一。受印象画派和日本浮世绘的影响，先用点彩画法，后来变为强烈而响亮的色调，以跃动的线条、凸起的色块，表达其主观的感受和激动的情绪。其画风，后来曾为野兽派和表现派所取法。

径，在每个十字路口它都发现了它所体现的存在，但并不一定非得把它们找出来。假如艺术家想要收集意义，可以找到许多。不过，虽说眼睛可能觉察到意义，但由于对它们的显而易见的特点或必然性缺乏独特的洞察力，那么这个过程仍然是缓慢的。如果意义没有迅速被物质造型的震惊和被画家与观众的迫切的共享之情所唤起，它们怎么能够被体现在绘画之中呢？假象引导出错误，而艺术家则助我们一臂之力，为我们指点迷津。如果无需借助一只聪颖的耳朵，他就能分辨出大路和小道上混杂的各种声响，那是因为他自身也是一条大路。生活中到处都是被忽略、被舍弃的小径足迹，拉普加德，作为人和世界的全面联系，曾描绘蜂拥般惊跑的人群，时而表现他们的哭叫呐喊，时而又再现他们瞬间的沉思默想，并将他们融进沥青色的背景之中。拉普加德坚决主张，幽居独处是不宜作画的，他以自己的油画向我们证实了这种观点的正确性。

《没有特权的画家：拉普加德》

马克思说过，总有一天，将不再有画家。这正像说总有一天会既没有人们也没有画家一样，但这样的日子还十分遥远①。拉普加德是一个充满自相矛盾的奇人。他和同时代的几个画家一道，从本质上把绘画改造得更为简练，从而把人类生存的环境体现在自己的油画之中。并且，他又是第一个没有提供专门特权的人。作为一名画家，他用自己的画笔撕开了艺术家的面纱，留下的只有人类和他自己。他没有天赋特权，而是我们当中的普通一员，他的名字被他那辉煌的作品所湮没。

《没有特权的画家：拉普加德》

---

① 马克思、恩格斯在《德意志意识形态》中说："在共产主义社会里，没有单纯的画家，只有把绘画作为自己多种活动中的一项活动的人们。"（《马克思恩格斯全集》第三卷第460页）

萨特哲思录

升华·提炼

鉴于戈雅以来，屠杀者们既没有停止他们的血腥杀戮，也没有成为他们所标榜的和平主义者，每隔五年或十年，总会出现一名画家试图再现现代军服和武器装备下的战争的恐怖①。

《没有特权的画家：拉普加德》

拉普加德的艺术创作与一般人的不同之处在于，他的创作目标不是要锤炼自己的艺术以适应于上流社会的某种思想需要，而是"内在地"研究自然和绘画本身。早在一个世纪以前，艺术就产生了危机，从此人们便为所欲为地评判绘画。而拉普加德在绘画创作的过程中则形成了自己的风格，后来，他创造的临场式绘画（presences）完整地体现在每个作品的组成部分之中，并通过自己的努力，最终实现了对它们的艺术超越。

《没有特权的画家：拉普加德》

他的临场式绘画与象征性艺术毫无共同之处②。从某种特定的意义上说，人的形体隐藏着人们的痛苦，而人体的消亡，却又馈赠给艺术以新的基质，并赋予它以新的生机——如侵略者滥施酷刑，毁灭城镇，屠

---

① 弗朗西斯科·德·戈雅（Francisco José de Gova, 1746~1828），是一位不屈不挠的道德家，也是一名伟大的艺术家。他在油画《五月二日》中，用鲜明的色彩描绘出战争的恐怖。在他的大部分著名的蚀刻画中，也多次表现同样的主题，如版画《战争的灾难》。

② 因为定义并不总是被普遍地接受（如对"抽象"艺术就是高度具体化的那一类定义的抱怨就是明证），因而我宁可选用与法文含义相等的象征（figurative）和非象征（nonfigurative）来表达，而不愿用"表现的"、"客观的"等与此相对的一类字眼去表达。

杀人群和横尸曝陈的受难民众等，都可构成绘画的内容。拉普加德是把受害者和征服者一同为我们展示出来——简言之，他的作品构成了我们时代的肖像，而不只是作为艺术的单独或有代表性的对象。它是一种奇观，也是我们时代的现实。拉普加德是怎样突破抽象艺术的局限取得象征艺术所不能取得的艺术成就的呢？

《没有特权的画家：拉普加德》

　　既然油画已经获得了按照绘画的原则作出自己的判断的权利，艺术家就有权重申这个基本原则。因而，创造力和美之间的内在联系就是毋庸置疑的了。无论出自什么原因，对一幅绘画作品来说，总是可以作美或不美的评价的。随意涂抹自然不能称作绘画，也不会像是别的什么，而只能是乱画一气而已。美并不是艺术的对象，而是艺术自身的肌肤和血肉，是它自身的存在。大家总是这么说，大家也都好像懂得这一点。不过，创造力和美之间的基本联系，在抽象艺术中是确实存在的，在现代画坛上，那种被炼丹术士的梦幻和渴望创造真正绝对的人搞得晦涩难懂的艺术，在此都再次表现出自身固有的完美。

《没有特权的画家：拉普加德》

　　与此同时，又有人老调重弹，再次提出了"为艺术而艺术"的主张，但这全然是胡说八道！要是单靠艺术家简单的劳作，那些绘画颜料永远产生不了艺术，也无法将它们制作成为艺术品。拉普加德没有在一些漂亮的画布上以大而无当的希望去创作自己的油画，但他却能从艺术的本质上升华他的主题，提炼他的宗旨，表达他的困惑，实现他的目标。在这视觉造型世界的背后已经消融了束缚它的图形，那么，是什么东西要求它继续存在呢？我们看到，这里的每一件作品都有着相同的原因。《广岛》① 以及其他类似的作品，都优先构成了他的艺术的对象。

《没有特权的画家：拉普加德》

----

① 拉普加德表现反战题材的代表画作之一。

这也许让人感到意外，政客们在很久以前就开始要求艺术家作少量的服务。那些围着丝带的变节者已经反复证明，无论在何种情况下，只要艺术家背离了艺术的宗旨，他的艺术生命也就死亡了。事实上，直到目前，画家们仍在提醒那些作恶多端的艺术败类们注意，他们正面临两种不愉快的抉择：要么他们不顾及道德而背弃绘画；要么，如果他们的作品漠视艺术美的原则，那么，又会由于美而触及人们的愤怒和悲伤。这两种结果都是叛逆行为。

《没有特权的画家：拉普加德》

健康的情操都倾向于形式主义（formalism）。如果一种正当的义愤情感得以传达，就必将会得到公众的理解，对艺术的忧虑也必将从属于虚假的安全感。因为"生活的美"永远是不断发展的，拉普加德回避了经验中固有的困惑而选择无生命的美来代替。他采用了最易读的抄本，那必然是一种古典的、为习惯所认可了的绘画风格。

《没有特权的画家：拉普加德》

如果试图描写残暴的行为，就去大力渲染断臂残腿或拉肢酷刑、血腥拷打或残忍火刑等血淋淋的场面，都是于艺术无补的。再就艺术的惯例而言，艺术家们总是为我们展现出现实中动人的侧面，制约着我们在通常情况下对恐怖、愤怒等行为作出反应。尤其是使我们经历中的那种视别人的创伤为自己切肤之痛的强烈的同情之心得以减轻。如果照搬惨不忍睹的场面，只会迫使观众远远避开。一幅绘画也许是制作精美的作品，其比例恰当、色彩协调，但要是欣赏者都望而生畏，并且一去不回，那么一切都是枉费心机。即使观众硬着头皮回来看看，那刺穿了的双眼和感染了的伤口，以及那惨不忍睹的一切也将会败坏欣赏口味，无法恢复对它的美感，一切都将归于失败。

《没有特权的画家：拉普加德》

如果是这样的话，我们可以肯定，这位画家是不机智的。人们会

说，如果他再次处理这类棘手的难题时，还应该更谨慎一些，更雅致一些，常被引证的声誉很高的提香，就是以他的机智而闻名。当朝的伟人们都能委任他按照他们的旨意去表现一场大屠杀，并且深信，他将会创造出一串队伍或一场热热闹闹的舞剧来的，当然，那结果也将是美丽动人的。通过他的这种创作过程，血与火的严酷从画布上销声匿迹，正如一株画中的玫瑰消除了香气一样。在他的笔下，杀人的凶手被罩上了华丽的外衣，冠冕堂皇的贪财小人在观察着操作。当一位加冕者去抚摸一个受难者裸露的双脚时，它是健康而又诱人的：而在表现他的双腿时，其身子和头又被掩藏着。提戚安诺·威切利①是一个叛徒，因为他强迫自己的画笔去描摹令人安慰的恐怖、无关痛痒的苦难和生气灌注的尸体。他通过虚饰的美而出卖了人类，以换取国王的青睐。对于一个固执己见的人来说，从一个房屋窗户里俯视着一个集中营而去画一个果碟，并不是什么大不了的事，他的过失不过是一次粗心大意而已。真正的犯罪倒在于他是把这个集中营当做一个果碟来画——以同一种内心世界去研究和体验。

《没有特权的画家：拉普加德》

据我所知有两种例外的情况，而第一种更是显而易见。由于变化无常的情绪冲动和压倒一切的同情心，痛苦的幻觉使戈雅以再现自己的想象来代替战争。这个误入歧途的人以绝望来唤起民众，终于怀着对战争的极端厌恶，以血淋淋的集体屠杀构成了自己作品赤裸裸的恐怖。

《没有特权的画家：拉普加德》

《格尔尼卡》则与众不同②。在这里，艺术的矫子交上了前所未有的好运，结果是把相互对立的因素轻而易举地统一在作品之中。出于对

---

① 提戚安诺·威切利是提香的本名。
② 《格尔尼卡》，毕加索（Pablo Picasso，1881～1973）于1935年创作的著名作品，戈雅的《五月二日》诞生于1808年。

侵略者刻骨铭心的厌恶和对屠杀中的受难者的纪念，对于美的探索是这幅画取得的惟一结果，而且，这种探索是成功的。它将永远被作为一种对苦难的写照，然而这并不会影响它本身那沉静的造型美；相反，它那高度的造型美远远胜过妨碍它的情感影响。西班牙内战，在第二次世界大战之前的一个严峻的时期爆发了，那时，这位画家的生活和绘画风格也正处于转折关头。他那画笔的反抗力量被消耗在象征性绘画之中，并开启了按照一定造型规则去表现毁灭的艺术之门。

在这个阶段，图像仍然是完整的，艺术试验的目的在于构成一种动感，使其具有承担自身分裂的特征。在这里，不必将暴行进行掩盖或转换，它清楚地表达了炸弹给人们造成的血肉横飞。这种试验过程，在一个有着特殊意义的作品中取得了这样一种效果：对残暴的反抗和对血腥屠杀的诅咒。同一种社会力量却使这位画家漠视官方的禁令，用画笔暴露了法西斯的毁灭行为，创造了《格尔尼卡》。命运的打击促使毕加索回避了艺术的虚美。如果说，法西斯的罪行由于已变为艺术美，因而引起人们的憎恶，那要归因于这罪行是"爆炸"这一事实①，而正如布雷东所说，毕加索的艺术美，是"整理过的爆炸"（explosante-fixe）。这种有如巧掷骰子般的奇迹是永远不能重复的。第二次世界大战以后，毕加索又开始了新尝试，他的艺术再一次发生了新的变化，当然，这也是由于世界发生了变化，尽管这两者的变化并不是同步的。总之，由于艺术审查制度，当他表现人物及他们的苦难的时候，再也看不到令人恐怖的人物造型，也看不到虚伪夸饰的艺术伪装。

《没有特权的画家：拉普加德》

就拉普加德来说，已没有任何选择，也不再有任何问题，因为我已从象征艺术中借用了前面的例子。不过自相矛盾的是，当用于艺术模仿的必要条件尚不充分的时候，人物造型的模仿还必须从外表上利用这些条件。

---

① 《格尔尼卡》表现在画面上的内容是法西斯的轰炸带给人们的灾难。

这犹如一次长途旅行的最后阶段。多少年来，他描绘着一个个裸体，一对对夫妻，还有促使他拿起画笔的民众。你看他笔下的那些青年画像简直是无懈可击的。他们的肌肤没有虚饰的外壳，也没有不自然的形体轮廓，整个画面找不出一处未加选择的随意点缀。不过，值得我们思考的是，轮廓、体积、大小及透视法——难道他使用这些就足以把一个裸体画像"呈现在我们面前"吗？显然不是。或许结论刚好相反：一幅绘画成功的一个内在要求是当它摆脱了外在形式束缚的时候，我们却能在某一特定的瞬间体验到肌肤的微妙。

《没有特权的画家：拉普加德》

拉普加德初入画坛时是忧心忡忡的。为摆脱学院传统的束缚，他力图全面地经营自己的艺术林苑——如果说他是一名园丁的话，他已经继承了一片平坦的地面。现在他要改变那种让许多土地荒芜，然后再深耕细作的常规。而且，他还想消除捐税和义务，改修栅栏和弯道，以及由模仿强加的种种限制。最终，他还想扩大艺术的领域，并同时重申艺术自身的完整统一。

《没有特权的画家：拉普加德》

他进行这种艺术探索的目的，是要赋予艺术美以新的特性，一种更稳定、更丰富的一致性。拉普加德惟一关心的是艺术，当我们欣赏他的作品时，并不觉得他是在寻求一种新的绘画风格，而是赋予其作品以新的性质。当然，随之而来还有许多新的东西。当表现形式发生变化时，艺术的题材也开始产生重要变化，最后构成了完美的艺术内容。

拉普加德属于艺术领域的一代建设者[1]。在毕加索自称"摧毁象征

---

[1] 一个偶然的机会，有一个著名画家用宿命论的口吻声称，在一个否定一切的时代里，他们的艺术毁灭自身，并拒绝被当做一种传播媒介。但这是错误的。在这个新的时代，艺术家建设的要比毁灭的多。过去的绘画从来没有这么简洁，这么精炼，就如同出自那些抽象派建筑师之手。

艺术"之后，布拉克①和整代分离主义者为后继者留下的是色彩与韵律的融合，以及破碎的残迹。他们没有选择的余地。容许并要求他们的是把那些经过改造的、可塑的素材，综合成为新的整体。

《没有特权的画家：拉普加德》

起初，这些新手们由于共同面临的任务而联合在一起，然后又各自为政，并试图确立新型艺术的目标和手段。拉普加德的艺术选择是，为我们恢复这个"世界"，依我看来，这是一个非常重要的选择，可是，我们又可以断定，"世界"本身并没有提出这个要求。假如"世界"恢复得血红而又新奇，它的这种变化也是由绘画强加给它的。

《没有特权的画家：拉普加德》

揭示·提供

艺术客体到底是"现实"艺术（或被认为是如此）的产物还是"形式"艺术的产物，那倒无关紧要。不管怎样，自然关系是被颠倒了的。塞尚②画中那株在第一平面上的树，首先作为原因系列的产物而出现。可是因果关系是一种幻觉，只要我们看这幅画，它毫无疑问将继续作为一个命题而存在，但它将受到一种深刻的终结的支持。这株树所以这样放置，那是因为画的其余部分要求将这个形状和那些颜色放在第一平面上。因此，通过现象上的因果关系，我们的凝视获得了终结，作为客体的深部结构，而且还超过这个终结，达到了人类的自由，作为其源泉和根由。弗美尔③的现实主义走得如此之远，乍看之下人们可能以为

---

① 吉尔吉斯·布拉克（Georges Braque，1882～1976），法国立体主义代表画家之一。

② 塞尚（Paul Cézanne，1839～1906），法国画家。

③ 弗美尔（Jan Vermeer Van Delft，1632～1675），荷兰画家。

那是摄影。不过要是你细看他作品结构中的壮丽色彩，看看那小小砖墙所闪射出的粉红色和天鹅绒般的光辉，那忍冬树枝深浓的蓝色，那门厅的乌黑发亮，那光亮得如同圣水盆石头似的人脸上桔黄色的肉，那么在你体验到喜悦的同时会突然感到：终结并不完全体现在形状和色彩当中，倒是更多地体现在你的有形的想象之中。这里，给予形状以存在理由的，正是事物的本质和特征。跟这个现实主义者在一起，我们也许能够最大程度地接近纯创作，因为正是在事物的被动性之中，我们遇到了人的深不可测的自由。

《没有特权的画家：拉普加德》

作品决不仅仅限绘画的、雕刻的或叙述的客体，就像人们总是以世界为背景来察看事物一样，用艺术表现的客体也总是以宇宙为背景而显现出来的。在法布利斯①的冒险事业的背景上，有 1820 年的意大利，有奥地利和法国，有布拉奈斯神甫上所求教的天空和星星，最后，还有整个地球。如果画家给我们画一片田野或一瓶花，那么他的画就是向整个世界打开的窗子。我们沿着文森特·凡·高②画中被小麦遮住的那条红色小道向前走去，走得比凡·高实际所画的范围远得多了，小道穿过别的麦地，伸向别的云块下面，直达流入大海的那条河，我们走向无限，走向世界的另一头，走向深刻的终结，这个终结支持着田野和大地的生存。因此，创作行为通过形形色色由它创造或再创造出来的客体，企图实现世界的彻底更新。每一幅画，每一本书，都是整个存在的复原。每一件作品都向观者的自由展现出这个总体。因为这的确是艺术的最终目标：通过使人看到世界的实际情况，让世界恢复本来面目，但使人觉得它仿佛是扎根于人类自由之中的。可是，既然作者创作的东西只在观者眼中才成为客观现实，这种复原由于展示时——尤其是阅读时——的礼仪而变得神圣起来。现在我们已经具有较好的条件来回

---

① 法国作家司汤达长篇小说《巴马修道院》中的人物。
② 文森特·凡·高（Vincent Van Gogh，1853～1890），荷兰画家。

答不久前我们提出的问题了：作家乐意向别人的自由提出吁求，这样，由于他们的要求是相互的，他们可以使整个存在重新适应再人，并可重新把宇宙装进人的内心世界。

《没有特权的画家：拉普加德》

　　要是我们希望再做进一步的探讨，我们必须记住，作家和所有其他艺术家一样，总是致力于给他的读者以某种感觉，这种感觉惯常被称为艺术乐趣——我倒很想称之为艺术欢乐——而这种感觉的出现，标志着作品已经取得了成效。因此，根据前面讨论的问题，我们不妨对它来作一番观察研究。实际上，这种欢乐创作者是没有份的，它在他创作的范围内与观者的艺术意识合而为一，在我们讨论的问题中，也就是与读者的艺术意识合而为一。这是一种复杂的感觉，但又是一种结构方式与存在状态紧密结合的感觉。这个感觉一开始就等于承认了一个超验的绝对目的，这个目的使得那种按照功利主义观点混淆目的与手段做法①暂时中止了，也就是说，这个感觉承认了一种吁求，或者——那也是同样的意思——一种价值。由于一种超验的紧迫需要使我的自由向自身显示出来，我对这个价值的地位意识必然伴随着一种我对自己的自由的非地位意识。认识自由，本身就是一种欢乐，但这个不确定的意识中包含着另一层意思：既然阅读实际上也是创作，那么我的自由在自己看来不仅是一种纯粹的意志自由，而且是一种创作活动，也就是说，它不仅限于给自己以法则，而且还看到自己是客体的构成要素。正是在这样的情况下，这个现象显示得特别明显，那就是，在创作中，被创作出来的客体，成了创作者的客体。这是创作者从自己创作的客体中得到享受的惟一的例子。享受这个词被应用于对所读作品的地位意识，它充分表明我们面临着一种艺术欢乐的本质结构。这种地位的享受伴随着一种非地位意识，即意识到在与一个被视作本质的客体相

---

　　① 在实际生活中，当你寻找某个手段时，这个手段马上就会被当做目的来看待，每一个目的都会作为达到另一目的的手段而展现出来。

关时，自己就是本质的。

《没有特权的画家：拉普加德》

我要把这种艺术意识状态称为安全感。正是这种安全感，使那些最强烈的艺术感情带上了从容不迫的气度。它起源于对某些和谐的确认，那是一种严格保持于主观和客观之间的和谐。另一方面，由于艺术客体就是通过想象而要求达到的这个世界，因而艺术欢乐伴随着认为世界是一种价值的那个地位意识一同出现，这正是向人类自由提出的一项任务。我把这叫做人类规划的艺术修改，因为，像通常一样，世界是作为我们处境的地平线，作为把我们与我们自己分隔开的无限距离，作为假设事物的综合整体，作为障碍和工具的统一体而出现的——可是世界决不会作为向我们的自由提出的要求而出现。因此，艺术欢乐进而发展为一种我对复原和内化的意识，成了无与伦比的非我①，因为我把假设转变为一种责任、把事实转变为一种价值，世界是我的任务，那就是说，我的自由所具有的本质和得到公认的作用，乃是使那独一无二的绝对客体（即宇宙），在一个无条件的运动中产生出来。再者，前面的结构包含着一个人类自由之间的契约。因为，一方面，阅读正是对作家自由的一种既充满信心又提出很高要求的认可，另一方面，艺术乐趣在作为一种价值被人感知时，包含着一种关系到他人的绝对的紧迫需要。每一个人，只要他是一种自由，在读同一本书时会得到相同的乐趣。因此，全体人类都以自身最高自由的面目出现，它支持着世界的存在，这个世界既是它的世界，同时也是"外部的"世界。在艺术欢乐中，地位意识是一种使整个世界形象化的意识。这个作为整体的世界既是存在的，又是必须如此的；既是完全属于我们的，又是与我们不相干的；它越属于我们，也就越与我们不相干。非地位意识确实包含人类自由的和谐的总体，因为它产生了普遍信任和

---

① "非我"为德国哲学家费希特用语，指由人的意识创造和建立起来的客观存在。

萨特哲思录

紧迫需要这个客体。

《没有特权的画家：拉普加德》

　　因而写作既展示世界，又把世界作为一项工作奉献给读者的慷慨大度。它求助于别人的意识，使自己被认为对整个存在来说是本质的，它希望通过介入中间的人物来表现这种本质。但是，另一方面，由于真实的世界只在行动中才能展现，又由于人们只在为了改变这个世界而超过它时才感到自己置身于这个世界，因此小说家的领域如果不是在一种超越这个世界的运动中展示出来，那么就会显得十分浅薄了。常有人这么说，故事中描述对象的生活气息是否浓厚，并不取决于描述文字的数量和长度，而是取决于它与其他各种人物之间的复杂联系。书中人物越是经常地触及这个对象，一会儿拿起它一会儿放下它，简而言之，越是超过这个对象而前往各自的目标，那么这个对象也越是显得真实。因此，关于小说的世界，即人物和事物的总体，我们可以这样说，为了使它能具有最大限度的紧凑，读者用以发现这个世界的那种揭示性创造，也必须是一种想象中的对行动的介入。换句话说，人们越是想改变它，它也就越活跃。现实主义的错误在于它相信通过沉思就可以揭示真实，人们就可以对它描画出一幅不偏不倚的图画来。那怎么可能呢？因为观念这个东西就是不公正的，而且当你一给事物起名字，那对客体就已经是一种改动了。作家希望自己对这个领域来说是本质的，他又怎么能够要求自己对这个领域所包含的不公正来说也是本质的呢？尽管这样，他仍然必须是本质的。可是如果他承认自己是不公正的创造者，那就处于一个超越不公正并趋向于消灭不公正的运动之中了。至于作为读者的我，如果我创造出一个不公正的世界并使之保持活跃，我就不得不让自己对此承担责任了。

《没有特权的画家：拉普加德》

　　作者的全部艺术在于迫使我创造出他所揭示的东西，从而使我自己处于尴尬境地。所以我们双方都得对这个领域负责。正因为支持这个领域的是我们双方的自由所作的共同努力，也正因为作者以我为媒介试图把它与人类合而为一，因此这个领域必须真正以其本来面目出现，有如被一种以人类自由为最终目的的自由所彻底渗透。如果那还不是真正的目的之城——本来应该是的，那么它至少是通往目的之城的大路旁的一个驿站。一句话，它必定是变化的一个形成过程，它决不能作为一种压倒我们的冲击力量来加以考虑和表现，而总是从它将要超越而走向那个目的之城的观点被考虑和表现。不管它描绘的人类是多么坏，多么不可救药，作品必须具有慷慨大度的气派。当然，这不是说这种慷慨大度将通过开导性的谈话和有德行的人物表达出来，它甚至不能是预先计划好的。确实，美好的感情并不一定能使作品也美好。但这种慷慨大度必须是构成作品的经纬，是人和事物的原材料。不管是什么主题，作品中必须随处都能见到一种本质的光辉，它提醒我们这部作品决不是自然的一份资料，而是一种紧迫的需要和一种授予。要是把这个世界连同它的不公正一起授给我，我不会对这些不公正漠然置之，而会用我的愤怒使之变活，我会揭露它们，将它们照其本来面目创作出来，也就是把它们作为有待克服的弊端创作出来。因此，作家的领域只对读者的观察、赞赏、愤怒展现其深度，对慷慨的爱表示愿予支持，对慷慨的愤怒表示要加变革，而对赞赏则表示将作模仿。尽管文学和道德是截然不同的两码事，但在艺术责任的核心中，我们看到了道德责任。因为写作的人不惜辛劳动笔去写，这个事实就说明他承认了他的读者们的自由；又因为读书的人仅凭他翻开书本这个事实，就说明他承认了作家的自由。

《没有特权的画家：拉普加德》

因此，艺术创作，不管你从哪个方面探讨它，都是一种对人们自由寄予信任的行为。由于读者们同作者一样，承认这个自由只不过是为了要求它显示自己，因此，就要求人类自由这一点看，创作可以被解释为是通过想象表现世界。结果就使得所谓"阴暗的文学"不复存在，因为不管人们描绘世界时使用多么阴暗的色彩，他的描绘仍然要使自由的人在面对他们的自由时能够感知它。因此，只存在好的或坏的小说。坏小说致力于用讨好来取悦于人，而好小说则是一种紧迫需要和一种信任行为。但是，是主要的，作者把世界交给他所希望实现的自由时所依据的那个独一无二的观点，正是认为世界永远充满着更多的自由的观点。令人难以置信的是，这种由作者激发起的慷慨，却可以被用来认可一件不公正的事，读者在阅读一部同意、接受或干脆避而不问人压迫人现象的作品时，仍然可以享有他的自由。人们可以想象一位美国黑人撰写了一本优秀小说，尽管书中充满了对白人的仇恨，因为他通过这种仇恨，要求得到自己种族的自由。由于他邀请我采取慷慨大度的态度，一当我感到自己是一种纯粹的自由时，我就不能容忍把自己放在压迫者的种族一起了。因此，我需要一切的自由都要求有色人种得到解放，反对白人种族。如果是白人之一，那么也反对我自己，但谁也不可能设想可以写出一部歌颂反犹太主义的好小说来①。因为，当我一感觉到自己的自由与其他所有人的自由紧密相联不可分割时，就不可能再要求我用自己的自由来同意对这些人中的某部分人进行奴役了。因此，不管他是散文家、小册子作者、讽刺作家或小说家，不管他是否只是谈个人的感情，或者是否是在对社会秩序进行评击，作家——作为一个对自由的人们讲话的自由人——只有一个题材，那就是自由。

《没有特权的画家：拉普加德》

因此，任何奴役读者的企图，都会危及作家自己的艺术。一个铁匠在作为一个人而生活时，可能受到法西斯主义的影响，但他作为铁匠所拥有的技艺却不一定会受影响。而一个作家则两者都会受到影响，后者

---

① 最后这句话可能会惹恼某些读者。如果真这样的话，我希望知道是否有哪一本优秀的小说，它的目的是明确无误地为压迫事业服务的，或者是写来反对犹太人、黑人、工人或殖民地人民的。“可是如果说一时找不到的话，也没有理由说一定不会有哪一个人在哪一天写出这样一本书来啊。”不过你说这样的话，你就是承认自己是一个空谈家了。空谈家是你，而不是我。因为你是用你关于艺术的抽象概念来断言有可能出现那么一个从未存在过的事实，而我则限于对既成事实作出解释。

所受的影响甚至比前者更大。我看到过这样的作家，他们在战前衷心欢迎法西斯主义，但当纳粹分子把种种荣誉加在他们头上时，他们的创作立即变得苍白无力了。我特别想到罗歇①，他走错了路，可他是真诚的。他证明了这一点。他同意领导一个纳粹赞助的评论杂志。在头几个月里，他责备、指摘、教训他的同胞。没有人给他回答，因为没有人有回答他的自由。他恼火起来，他不再能感知他的读者了。他变得更加咄咄逼人了，可是仍然没有迹象说明人家了解他。既没有仇恨的迹象，也没有愤怒的迹象，什么也没有。他似乎晕头转向了，成了日益增长的烦恼的牺牲品。他向德国人大发牢骚。他的文章本来写得极好，现在变得如同哀诉。他擂胸顿足的时刻终于来到了，可是除了几个他所鄙视的被收买的新闻记者外，没有任何反响。他递上辞呈，又撤回了，再度讲话，可是还是如同置身沙漠，最后，他不再有所动作，被别人的沉默封住嘴了。他要求奴役别人，可是在他那个疯狂的头脑里，他一定认为这是别人自愿的，这仍然是自由。这一天终于来到：他作为人感到十分庆幸，可是作为作家却不能忍受了。当这一切正在进行时，其他人——幸而是大多数——认识到写作的自由包含在政治的自由之中。没人去为奴隶写作。散文艺术只能存在于一个使散文获得意义的领域中，那就是民主的领域。当民主受到威胁时，散文艺术也同样受到威胁。仅仅用笔来保卫它们是不够的。被迫放下笔来的一天会到来，作家于是必须拿起武器。因此，不管你是怎样接近文学的，也不管你有什么样的见解，文学把你投进了战斗。写作是某种要求自由的方式，一旦你开始了，你就给卷入了，不管你愿意不愿意。

卷入了什么呢？保卫自由么？说说是容易的。那是一个做理想价值保卫者的问题呢（像班达的伙计在背叛者面前所作的那样），还是一个具体的日常自由的问题（这个自由必须由我们在政治和社会斗争中加以捍卫）？这个问题与另一个问题紧密相连，那是一个看来简单却没有人

---

① 罗歇（Pierre Drieula Rochelle），在德国人占领法国时是《新法兰西评论》的编辑，1945 年自杀。

萨特哲思录

问过自己的问题："你是为谁写作？"

《为何写作》

采集·清除

乍一看到贾科梅蒂那古板的面孔'，首先你会觉得他傲慢自大并且总希望表现自己。他嘲笑文明并且对进步失去信——至少是对美术丧失了信心。他认为自己并不比他所采用的埃赞斯和阿尔塔米拉时期 ① 人类的艺术更加高明。那时，自然和人都处在初始阶段，不存在丑和美，也没有审美力，而且不求甚解和批评。那个第一次想在石块上刻画人物的人不得不从零开始。

《追求绝对》

贾科梅蒂的模特儿：人。既非独裁者又非将军或运动员，而是缺乏吸引未来雕塑家的尊严和魅力的原始人。他不过是一个越过地平线的颀长模糊的人影。但是可以看出，他的活动与事物的运动不同。这些出自他的活动像最初的肇端，并使大气中充满缥缈的未来迹象。必须根据其目的——采集浆果或清除荆棘——而非其起因来理解它们，这些活动决不能被分离或被限定。

《追求绝对》

我能从一棵树上拨开一个低垂的树枝，却永远无法从一个艺术雕像身上举起一条胳膊或抓紧一个拳头。这尊《男人》雕塑举起了自己的

――――――――――

① 法国南部和西班牙北部的旧石器时代的猎人有十分发达的审美感觉，这已为在埃赞斯—德—塔亚科和阿尔塔米拉附近的石灰石山洞中保存的大量人工制品所证实。

· 39 ·

胳膊，抓紧了他的拳头，他是不可分割的整体，又是其活动的绝对根源。而且，由于作者的变形处理，他就像一位化装了的巫师，人们摆弄他的头发，注视他的眼睛，在他的唇间跳舞，在他的指尖栖息。在创造中，作者似乎在同对象的整个躯体交谈，当他来回走动或自言自'语的时候，都像是和艺术对象的一种对话，并且在睡梦中也像县存在对其讲话一样。

《追求绝对》

他的物质材料是一个石块和一片空间。贾科梅蒂必须从这仅有的空间塑造出一个人物来，去描述那完全静止中的运动，无限复杂中的统一，纯粹相对中的绝对，永恒现实中的未来；在默然沉寂的事物里，显示出发出言语的迹象。物质材料和原型之间的隔阂似乎是不可逾越的，然而这种隔阂的存在仅仅是因为贾科梅蒂使它自身符合一定尺度的结果。他是一个想象着人类的本质而决意将人性标志在空间或石料之上的人。也许他兼有这两者，也许他巧妙地调解了这两者。

《追求绝对》

这位雕塑家的激情焕发，简直将自身完全溶化于对象的形体之中，这种自身的充实足以羽化为一个人物塑像。他常常耽于对石头的思考。一旦受到空虚感的威胁，他便整日心神不宁，伴随着一种堕入深渊之感——他的空虚就在那产生自身孤寂的失落意识的过程之中。在另一种情况下，那些没精打采、死气沉沉的物体，对于他来说似乎不再有让人感动的地方。他生活在动荡不宁、人欲横流的世界上，甚至于到了受苦于没有高度、没有深度、也没有长度和事物间的真实联系的程度。但同时他又意识到，雕塑家的任务乃是从那无限的群岛中分出一张面孔来，使它灌注着那种能够打动其他生存物的惟一生命。

《追求绝对》

我知道没有人会像他那样，对面孔和姿势的魔力那么敏感。他带着热烈的羡慕眼光看着它们，好像它们都是来自另一个王国。他常常不知所措，试图使那些与他同类的事物矿物化（mineralize）：他想象着成群的对象盲目地朝他涌来，像排山倒海的岩石奔涌着穿过大道。这样，他的每一种无法摆脱的情感都是一种任务，一种经验，一种体验空间的手段。

《追求绝对》

人们说，从他的狂热劲儿看，雕刻家们三千年的令人满意的雕刻品，也不至于像这样让人不着边际。为什么他不试图按照已被检验过的技巧去创造无懈可击的作品以代替那无视前辈的自命不凡呢？

《追求绝对》

事实上，三千年来的雕塑家们创造的只是一些尸体而已。有时它们依赖墓碑得以展现，有时它们又被安置在达官贵人的椅子上或马背上。然而，一个坐在一匹死马上的死人并不能产生半点儿生气。它们的创造者们对那个至今安放在博物馆中的僵硬的大睁双眼的人使用了一些欺骗手段。它的胳膊看起来像是在活动，可实际上它们是靠铁柄的一端支配着的。它那僵硬的轮廓几乎难以包容无穷的色晕，无尽的松散。由于其粗略的相似性所产生的迷惑，观众任凭其想象力随着经验中的物体运动，触觉和视觉不断地减退。

因此，重新从零开始是必要的。三千年以后的贾科梅蒂和他同时代的雕塑家们，不是要以新的作品去填充艺术陈列室，而是要以自己的创作实践去证明，雕塑艺术本身也是可能被雕刻的。证明其可能性正如同通过走动着的第欧根尼①去证明巴门尼德②和芝诺③活动的可能性一样。

---

① 第欧根尼（Diogenes o Sinopeus，约公元前404～约公元前323），古希腊大儒学派哲学家。

② 巴门尼德（Parmenides，约公元前六世纪末～公元前五世纪中叶以后），古希腊埃利亚学派唯心主义哲学家。

③ 芝诺（Zeno），约公元前490～约公元前436），古希腊唯心主义哲学家，埃利亚学派的主要代表之一。

去限定并观察能做些什么是十分必要的。假如这事业以失败而告终，即使在最有利的情况下也不能确定这是否就意味着是雕塑家及其作品的失败，还有许多艺术家将会携手同心地开始再创造。贾科梅蒂自己就是一个永远创新的人，正因为如此，他才会不断进步。这里有一个被达到的固定的界限和一个有待解决的特殊问题是：把一块石料雕刻成为一个人的时候，怎样才能使其生机勃然呢？其结果不是荣获一切就是一无所得。如果这个问题能得到很好的解决，雕像的数量将会汗牛充栋。

《追求绝对》

贾科梅蒂说："假如我只要懂得怎样制作就万事大吉的话，我就能成千上万地制作它们……"在他取得成功之前，全然没有精制的雕像，而只有一些粗糙的砍凿品。引起贾科梅蒂兴趣的仅仅是那些引导他更接近自己目标范围内的东西，有悖于此，他便破坏一切重新创造。他身边的朋友们经常设法从他毁灭的雕像中搭救出一个人头，一个年轻的妇女或一名翩翩少年。他并没有对此提出异议，仍然专心致志地从事自己的事业。在15年里，他所拥有的只有一次展览会。

《追求绝对》

他同意这次展览，是因为他已经创造了一种生命。然而即使这时，他仍是心存忧虑的，并写下了意在替自己辩解的话："这主要是由于我自己被贫困的威胁所驱使，这些雕塑品才以这种情形存在（镀上青铜色并被拍照），但我对它们还没有完全的把握，不过它们跟我的艺术目标是接近的，是差不多的。"

《追求绝对》

使他感到烦恼的是，这些令人难忘的作品，总是介于虚无与存在之间，总是处在改变、完善、毁灭和重建的过程中。刚开始让它们独立存在并小心翼翼地制作成雏形，但这种精雕细作的把戏却偏离了他的主旨，使自己的创作倾向为一种社会性的职业。与其这样还不如忘掉它们。对他来说，真正关注的问题是追求绝对的不懈精神。

《追求绝对》

这位积极主动、态度坚决的工作者常被石料的难以驾驭所激怒。这使他的活动渐渐慢了下来。于是，他选择了一种质地轻便的物质，即所有雕塑材料中最便于雕凿又最易于损坏的十分高雅的物质——熟石膏。这种材料在手头使用时几乎感觉不到它的重量。这反映了他的创作活动进一步趋向复杂化。

《追求绝对》

在他的工作室里，人们首先注意到的是抹着白色涂料的奇形怪状的稻草人，周围缠着长长的浅红色带子。他的感受，他的思想，他的愿望和他的梦幻顷刻之间都凝聚在这个石膏像之中。这些塑像赋予它们以形式，而它们又通过这些塑像而得以体现。这些令人费解的作品不断经受着的变形，就好像贾科梅蒂的生命被意译成为另一种语言一样。

《追求绝对》

麦洛尔①的塑像作品以它们庄重的永恒，高傲地映入我们的眼帘。然而这种石头的永恒与迟钝是同义的，它表现为永久的凝固。贾科梅蒂从没说过永恒的话，也从来没想到过永恒。一天，他对我谈起有关他毁掉了一批塑像的事情时，说得很有意思："我很乐意和它们在一起，而它们最后完工，也只要几个小时就制作出来了。"

《追求绝对》

几个小时——其为时之短暂就像黎明时的破晓，就像即将消退的忧伤，就像朝生暮死的昆虫。他的有些作品，因为作者的反复设计，注定

---

① 阿里斯提德·麦洛尔（Aristide Maillol，1861～1944），法国雕塑家。

会在诞生不久就要死亡。据我所知，在他的所有雕塑作品中，只有那些变形的人物雕塑保留着不言而喻的短暂的魅力。物质材料并不存在缺乏永恒的问题，并且越是脆弱易损，越是接近于人的特点。贾科梅蒂所用的物质原料——这种奇怪的碎粉遍布他的工作室，简直把地面遮盖了起来，塞满了他双手的指甲缝，并陷进了他那满脸深深的皱纹之中——这是空中的粉末所致。

　　然而，即使是空荡荡的空间，仍属于多余的东西。贾科梅蒂在创作中常常受到无限的威胁，不是属于帕斯卡①式的无限，也不是无限的博大。这种渗透他手指的无限是一种更加微妙、更加神秘的东西。贾科梅蒂说过，空间是一种剩余品（superfluity）。这个剩余品是把多种因素并列起来的共存体。绝大多数雕塑家都能容忍对象对自己的欺骗，他们在慷慨的空间弥散面前迷惑了，过多地把它搬进了自己的作品之中。他们被宽阔大理石的丰腴外形所吸引，从而展现、填充、放大了人类的姿势。

《追求绝对》

　　贾科梅蒂知道，一个活生生的人身上决不会有多余的东西，因为人的一切器官都有着自己的功能。他懂得，空间就像一个毁灭生命的肿瘤，它会吞没一切。对他而言，雕塑就是从空间中修剪多余的东西，使它高度精炼，并从它的整个外形中提取精要。这种企图可能不坏，但似乎又很难成功。我知道，有那么两三次，贾科梅蒂差不多要绝望了。如果雕塑时使这种不能压缩的媒介物承担雕刻和拼凑品，那么，雕塑就是不可能的事了。"然而，"他说，"如果我开始雕刻塑像时，像别人那样，就在鼻尖处下刀，在到达鼻孔之前，也不至于需要过多时间的。"当时，这还是他的新发现。

《追求绝对》

---

　　① 帕斯卡（Pascal，1623~1662），法国数学家、理学家、哲学家。

想想那个立于垫座上的伽倪墨得斯①吧。假如你要问我他距今有多久，我只会说，真不知你在讲些什么。就《伽倪墨得斯》而言，你的意思是不是说，这位童子是被朱庇特②的鹰带走了？如果是这样，那么我要说，我们之间没有太大的分歧。因为它是不存在的，也就没有这样一种关系存在。或许你所指的是由雕塑家将其塑造成为美丽的童子形象的那块大理石吧？如果是这样，我们倒是要涉及一些真正的东西，因为一块客观存在的矿石是能够用于比较的。

《追求绝对》

原则·创新

我们从他的作品中得知，他创造了许多普通人的群像。如果说越是傻瓜越是惯于嘲笑别人的作品，那么，他并不是第一个受到嘲笑的画家。然而那些德高望重的宫廷画师们是受到保护的。他们常在国王的身边作画，总少不了得到一官半职。假如他们和普通人似乎面对地工作，就将得到卫士的保护。因而，他们的每一幅画都似乎在说："我是一位画家，我是属于您的。我为您——世界的伟人展示了您统治下的卑贱的芸芸众生，您的屈尊将永远拯救我。"

《没有特权的画家：拉普加德》

这个时代是可以信赖的，拉普加德笔下的"画像"（figure）也是可以信赖的。他是怎样去描绘生活舞台上那些自我观照、自我体验和自我塑造的人群的呢？他是怎样让空间变形，而把那些被层层圆圈纠结的无数同心圆刻画成艺术构图的呢？他是怎样分别表现那些领头人和他们

---

① 伽倪墨得斯（Canumedes），希腊神话中特洛伊王特洛斯的儿子，为宙斯所喜爱，掠去作侍酒童子。
② 朱庇特（Jupiter），罗马神话中的主神，即希腊神话中的宙斯。

的追随者的呢？他是用什么形式、什么色彩去再现这些人类之间的相互
蔑视以及客观存在的更迭？拉普加德能够选择作为参照系的是，使艺术
爱好者们懂得，只有率真的坦诚，民众才会接纳他加入他们行列，懂得
他不再是唤起民众抵制次货的脆弱的支柱或直接的帮凶，懂得他必须剥
去伪装，不加修饰地同他们站在一起，如同常人一样，参与每一件
事，比如逃避搜捕或改变策略，提供经受过考验的训练有素的领导，
等等，然后才能从事创作。在尽可能的情况下，他是凭借强烈但又不
完全的记忆进行创作的。难道为了反观自己的油画，他就该承受成千
上万个其他的"自我"吗？一个群体的内在反应是无法直接看到的，
经过拉普加德的艺术处理，他们被同化、被体验、被认识，最终通过
画面来表现！

《没有特权的画家：拉普加德》

　　这位置身于民众之中的画坛新手是这样来塑造人物的：并不通过图
形的精确描绘而又能体现出他们存在。当然，如果他像其他许多艺术家
那样坐在画室里去摆布人物，那就只能去重复这样一句贫乏的誓言：
美，从来不是停留在精确性上，并且永远不停留在这上面。当然他所做
到的远不止于这些，他还放弃了自己的特殊待遇。作为一个人，他不愿
因为自己的特权地位，而被排斥于民众之外，并影响他从外部对同类的
沉思。象片性绘画隔开了画家和艺术原型。而形象变形时，无政府主义
和资产阶级的艺术家们，由于他们远离现实而对此进行了温文尔雅的嘲
讽。显然，他们没有真正理解作品。

《没有特权的画家：拉普加德》

　　可是，如果欣赏拉普加德的作品，会立刻实现艺术交流的。他笔下
的人群是真实的，并且是群情激奋而又骚动不安的。如对于 10 月 27 日
群众和警察的袭击，他大胆地展现了这种场面而销匿了其细节，只保留
了这次集会的意义。这种意义能被千百万尽管不了解他们，但却是相同
的人们所体验到。这种体验要求运用适于自身具体化的物质媒介：语言

是不适当的。因为它的间接性隔开了大量的事实，而每一个事实在意义上是相互联系的。

《没有特权的画家：拉普加德》

当拉普加德以新的面貌去表现、去描绘那模糊而复杂的惊险场面的时候，他为人群提供了一种艺术体，虽然是液体材料构成，却能在分散中显示严格的统一性。这些分散部分的统一，就是超验因素的实现：爆发性群体的协调统一。接着，又经由这群体中的每个人，去重新发现离散的生活总体，画家就是这样来引导我们欣赏的。拉普加德说，他用于表达的直接材料是黑色，在画布的下端色彩厚重，然后描绘一个增大着的物体，鲜明的光线越来越强，再加上成百上千个其他的联结成分。它们能激励内心的情感，得力于他那出神入化般的画笔的运行。他的画有时严密，有时简练，时而厚重，时而单薄。物质本身不会有如此变化，我们眼见的更多是变形处理，就如同一条林间小道将我们引入一片灌木丛，一个辽阔的大草原，或是一片原始森林。它通过自身的结构和线条暗示出一些东西。

《没有特权的画家：拉普加德》

艾吕雅①说过，在这个领域里，存在着另一种世界。然而，只有实现绘画的协调一致，艺术家才能发现这个世界。每当我们实现新的综合，或者用眼光将相邻的物体协调起来时，便会更加清楚地意识到它的存在。我们不可能展示这种存在的全部，仅仅是把作品本身看做一个有机体。拉普加德也曾受到艺术的诱惑去复制象征性绘画那虚假的统一体，但他一经施之于创作实践，仍然意识到艺术需要他做的是什么，那就是排除偶然性，并赋予无限可分的外观以不可分割的统一

———————

① 保罗·艾吕雅（Paul Eluard，1895～1952），真名叫欧仁·葛朗岱尔（Eugène Grandel），法国著名诗人和社会活动家。他曾极力倡导达达主义和超现实主义。

整体性。

《没有特权的画家：拉普加德》

　　许多画家都认为，拉普加德的创作选择了抒情式的统一。那么，作为一名抒情画家，他总是以奔放的激情从事自己的油画创作，其成就使我们为之振奋。感情的冲击促使他举起画笔，因此那体现在作品中的存在便是他所特有的。他的果敢行为赋予自己的作品以机敏的整体性。拉普加德知道自己具备创作抒情性绘画的条件，他能够从事这种创作并且已经这样做了。但他不无忧虑的是，单纯作为艺术媒介的自我投射将是模糊不清的。当然，尽管人们常说艺术和语言是不同的，然而，也不是说真的只有通过语言才能传达。我们通过别人所体验到的，也就是别人通过我们所体验的；对于我们的同伴来说，我们彼此就更需要一种共同体验。

《没有特权的画家：拉普加德》

　　抒情画家们力图使他们的作品实现情感、热忱和静穆的统一。总之，他们所选择创造的画面，普遍体现了自己独特的艺术探索。这难道可能是初步的基本一致吗？不可能的。因为艺术的独特性只有成为相同中的不同才会显示出来。要是画家们各行其是，各自开辟自己的天地，纵然与外界隔绝，艺术也将保持自身的完整性。然而，抒情性绘画作为一种创作行为，也将依附在十分复杂而又必不可少的象征上。这种行为必须不断更新，否则，美就不会产生出来。

《没有特权的画家：拉普加德》

　　零乱的意象和破碎的形象并非肇始于画坛新手。这股艺术潮流至今方兴未艾，只是它的许多成就鲜为人知。在艺术领域，它正以不衰的燎原之势风靡于画坛，并产生越来越大的影响。画家都像对待与自己休戚相关的事物那样对它刮目相看，这些轰动一时的艺术手段，为拉普加德提供了一个爆炸性的开拓领域。

《没有特权的画家：拉普加德》

艺术前辈们已得其风习于未缪，今天的试图征服风暴的后继者们，又在旋风之中刮起了一股飓风，并以无情的严厉组织艺术最小的闪光彩片。他们使用着自己制定的艺术法则和视觉逻辑。他们必须储藏和改组这碎片，在复杂的事物中寻求多样统一，使作品获得新的洞察力。他们懂得在油画中该怎样去细描和包容、放大和提炼，懂得怎样去表现火红的原野，和原野中那黑色的斑点、雨后的污渍，以及阳光普照下血色的残迹。他们把统一的塑造模式中的浓笔和淡笔的使用，看做死板的结构技巧。同时，虚假和欺骗也渐露端倪，细节不再是无足轻重的了，他们的作品似乎什么也没有失去，一切都包罗无遗。

《没有特权的画家：拉普加德》

依靠玩弄色彩和强调线条，创造和开拓新意并协调骚动的画面，为了严格的保持平衡而补偿局部的骚乱，这一切都给拉普加德的整体塑造带来了十分困难的局面。综观他的创作，最坏的效果是一幅关于圆花窗的作品，而那幅表现愉快的狂欢宴会的作品最为成功。他能让自己的画面保持一种迸发性的空间韵律，延长自身色彩的颤动，增强其怪异性，造成可怕的蜕变和混乱的动态，并且用他的画笔把意义赋予自己的油画，然后再将其呈现给我们。

《没有特权的画家：拉普加德》

路，是靠双脚走出来的，而没有道路就失去前进的方向——若不是拉普加德有一种大胆的开拓观念，谁能作出这种定向的决定呢？然而，如果他要把纷纭复杂的、不具外形和相似点的事物统一起来，就必须围绕主题抓住主要的东西。作品的主旨只有一个：实现作品的内在统一。如果你愿意这样说的话，它也就是绘画本身。

《没有特权的画家：拉普加德》

艺术家消融了细节，并从中汲取了艺术营养。如果单独地看，象征性绘画在表现威尼斯的时候，每一堵砖墙都向我掩藏着威尼斯，甚至在

它那华丽的建筑被破坏，装饰性的外表被剥蚀，经过修饰的一切都无法看到以后，我仍将能够认识这座城市。在拉普加德的油画中，艺术家的直觉萌发后，便立即据此信笔涂抹。由这种取舍所引起的存在（presence）——那是事物本身的非细节的、不可分割的空间——将再现自身。然而，这不过是艺术家设置的一个圈套。他借用的是与对象毫无关系的其他外形，以及暗示出别的联系——随意表现的废纸、沙土、卵石等就是如此。他试图创造一种新的存在，一种更为严肃的艺术现实，因为他只是靠形象替代而难以做到不露痕迹地变形处理。在第一次和第二次世界大战之间，有多少画家曾梦想同时成为化学家或炼丹术士，想通过精炼化的艺术去体现对象的本质。其中一位画家有意大量运用变形手法，如果表现一个衣橱，便用一只小盒子的一连串的投影来充当，他希望有选择地突出对象，将促使他在表现每个物体时，既像塑造物体本身，又像是一种化身。

《没有特权的画家：拉普加德》

这个双重的目标是值得怀疑的。艺术家所需要的并不是通过毁灭让我们体验世界的纷纭复杂，而是要从现实中创造出前所未有的新的意义。不成功的猎奇，缺乏创见的手法，久而久之便形成长期的艺术危机，艺术家的创造力便淹没在幻灭之中。在失败的教训中他会懂得，想象是绝对需要的，而这样的画面只会使良好的艺术感觉丧失。那么意义呢？是不是也会同时消失呢？并不尽然。如同我们所见过的，这两者之间并无必然的联系。不受约束地体现存在，看来是抽象派艺术的绝对必要条件。

《没有特权的画家：拉普加德》

他把作品素材的严肃性和自身感受的不确定性作了很好的对照。在他的画面中，密集的斑点似乎彼此收缩，一条新的通道意外地出现，当它们相互间取得新的联系时，强烈的色彩变得柔和了。终于，当作者把特定时空中稠密的人群表现出来时，我们从这些变形的画面中，把握了对象的整体存在。此外，还有一条沥青色的线条突兀地划破空间，它弥漫着伸向油画的底部，不过这时已难以分辨是顶部还是底部了。

《没有特权的画家：拉普加德》

空白本身是一种方位，它由作者表现的人群产生，并为他们的行为所确定。色块是一种浓稠的喷射，一种向水平面的飞腾，一种出其不意的空间渗透。当警察镇压时，聚集的民众是逃走还是抵抗？不管他怎么办，空间总是存在于某些特定的维度。一方退缩而另一方延伸——这就构成了距离。不必明说，这色块本身就能复现出意义。那个被创造出来的存在并不是一种人为造作的存在，不是骗子艺术家时代的道具即画板上的鱼或狼，而是一种真正的存在，无论是普遍性的还是特殊性的，都是不可分割的统一体，由于拉普加德的艺术创造而变得更加完美。

《没有特权的画家：拉普加德》

个人生活在人群之中，人群存在于世界之中，而世界又在人类范围之内。那是被他那强烈的艺术突破所唤起的特殊的存在；那是非同寻常的严峻考验——无论是就所有作品还是就某一特殊的作品看，拉普加德都是通过我们去体验，为了我们去体验，并和我们一同体验；那是在最初一瞥时照亮油画，甚至是被油画照亮之前的独特的信息交流。但是，拒绝特权，抛弃象征手法，是被拉普加德，也是被任何人所认可了的。它引导拉普加德创作了一幅又一幅的作品，这是他的艺术事业的最重要的收获。

《没有特权的画家：拉普加德》

在刚开始的时候，如果拉普加德停止对别人的仔细观察，如果他被地位相等的人所抛弃，那么，这种行为的结果是，前者会使他背离初衷，而后者则使他同群体、同每一个人建立一种永久性的联系。他不断地行动着，经受着痛苦，不断地自我解脱、控制和被控制。他的仔细观察完全是被动之举。他的画笔必须再创造这种行为，不是从外

部，而是通过他的作品去体验，如《另一个人》（other）那样。这幅作品的意义，通过拉普加德所遵循的如同自我发现一般的变形，通过他所体验或者所遭受的变形，随着《另一个人》的具体再现而被人们所理解。

《没有特权的画家：拉普加德》

不论肉色部分怎样，一个呆滞的裸体总是让人苦恼的。女人是独自一人，而画家就在房间的另一头。在实际生活中没有一个人——当然也包括画家——在这么近的距离里那么温文尔雅地去打量一个裸体的女性。拉普加德还画过一对夫妻。他时常唤起对青春肉体的敏感，但在这称为《题目的肉体》的色情组画中，他试图暗示人们，当那女人靠近男人时，就显得要做爱一样。总之，一个裸体画总要牵涉到两个人。即使画面上实际存在的只有一个女人，而色彩的变动也会使人联想到有另一名男人的存在，这就赋予油画一种自在的存在。

《没有特权的画家：拉普加德》

行为，在人们之间有多方面的联系。把色彩和内容熔铸为紧凑的结构，将带给画家以完美的艺术构思，使用非象征性艺术的鲜明的色彩去再现那些无法通过图形表现的东西。抽象艺术，似乎首先要施加一些限制手段，但实际上是扩大了画家的自由，并且让他的艺术天性发挥更大的作用。

这位没有特权的画家作出这种选择所带来的另一个结果显然是，促使他更坚定地同他人团结一致。这种一致有着十分坚实的基础，因为他们所经受的痛苦也正是他的痛苦，而他所需要的东西也正是他们所需要的，他并不比他们优越多少。于是，其作品也获得了持久的生命力。如果说展现在他的油画中的女人更多的是处于爱的渴求之中，那么，男子汉们则是投入了共同的斗争。最使人惊奇，然而又是简单的事实是，这种抽象的选择，引导拉普加德以艺术自身的名义再一次把人物作为中心对象表现在自己的作品中。可是，他不是展现人的像王子们和教士们一

萨特哲思录

样的生活，而是表现他们谦虚而又不慕虚名的忍耐力以及为满足自己的渴望而从压迫中拯救自身的顽强的斗争。在拉普加德的油画中，处处都表现了人的形象，画家就是这样不停地描绘他们，不断精炼着他们的肖像。

《没有特权的画家：拉普加德》

现在，拉普加德懂得，人类，在今天的非象征性眼光看来，既不是伟大的，也不是渺小的，美丽的东西决不会变得丑陋。他所信奉的艺术原则鞭策着他把人类王国的真实的肖像安放到他的画布之中。今天，这个真实的王国里还包括人类的刽子手和他们的帮凶，也包括那些受难者。刽子手们在数量上只占少数，但他们的帮凶却很多。绝大多数人都落进了被凌辱的行列，或是即将跃进这个行列。拉普加德知道，在1961年，谁也不能说人们没有首先提到刽子手们作恶之事，谁也不能说法国人民没有提及法兰西人虐待阿尔及利亚人的事。那也是我们的肖像，我们必须正视这一事实。最近，我们决定去保护受难者，或是减轻他们的痛苦。

《没有特权的画家：拉普加德》

拉普加德之所以选择暴行题材来表现，因为它的影响已经根深蒂固地渗透在我们心中，并且已经触及这种可耻现象的核心。他发现，只有通过非象征性艺术才能抓住它自身的肖像，并力图描绘它，以揭示人类生存境况的总体意义。他的三折画有一种无保留的美——他对于美的追求是义无反顾的。艺术的美不能被掩藏到非象征性的绘画之中。事实上，它已彻底显现了出来。这种绘画并没有展览丑恶，作者是将血腥恐怖予以过滤，并且只能如此，假如要增强作品美感的话，它需要最复杂的有机统一和丰富的表现手段。

《没有特权的画家：拉普加德》

场景的准确性有待于他的画笔的精确。欣赏者必须对那线条的组

· 53 ·

合，以及对那些美的，然而并不吉祥的色彩进行辨识和再创造。这也就是体验阿莱格和狄加米拉殉难意义的一方法。①。

《没有特权的画家：拉普加德》

如我所说，意义对于整个画面所起的作用并不是什么新的、外在的因素。拉普加德再现了艺术对象，让我们通过狂乱的色彩去感受那断臂残肢的肉体和不堪忍受的痛苦。并且，所感受到的这种痛苦是被污辱者的痛苦，我们大可不必假称在看到它们时，对这种傲慢而有失审慎的形式不堪忍受。

《没有特权的画家：拉普加德》

在这光彩夺人的美的背后，我们看到的是人民——我们人民——作为人的无情的命运。拉普加德的成功，完全是从绘画及绘画法则中取得的。也就是说，他遵循了抽象性绘画的逻辑。我以为，作为一名画家，如果能通过毫不掩饰地展示从我们内心涌出的那种不幸，而得到人们的偏爱，这将是一种不小的成就。

《没有特权的画家：拉普加德》

画家们早就知道，因为在图画中，立体的虚构的事物必须让位给平面的想象的事物来承担。如果是这样，不言而喻，在图形和我的眼睛之间的距离是被艺术的假定性所确定了的。如果我前进一步，走到离这画布更近的地方，也不能把对画面的欣赏距离拉近。即使我将鼻子挨到它身上，可能看到它们仍会有 20 步之遥，因为对我而言，它永远相距 20

---

① 亨利·阿莱格（Henri Alleg），在出版了他的一部详细描写残酷折磨的书以后，被指控试图危害国家安全而遭到监禁，据称因此使他成为驻阿尔及利亚的法国军队的囚犯。他的书后来用英文出版，书名叫《问题》（The Question），1958 年在法国受到禁止。狄加米拉·布黑尔德（Djamila Bouhired），是阿尔及利亚的贞德，受尽折磨后被判处死刑。只是由于他的不幸遭遇变成一桩世界丑闻才得以缓期执行。

步。而且，这种绘画中的距离感，也不是芝诺线①的缘故。即使把圣母玛丽亚从圣·约瑟的脚下分开而形成空间分割，结果再无限地分割下去，我也只是从这画布上划分出特定的长度，而不是那些石块在支撑着玛丽亚和她的丈夫②。

《追求绝对》

雕塑家们没能认识到这些基本的事实，因为他们是在一块真正的大理石这个三维的空间里创造。虽然他们的艺术产品是一个虚构的人，却认为自己是在一个真实的领域里创作。现实的混乱和虚构的空间产生了奇妙的结果。首先，他们没有去复制眼前所见到的对象——或许这是10步之外的一个原型，他们用黏土再创造的是形象本身。因为要使自己的雕像让观众感受到就如同原型给予他们的印象一样站立于10步之遥，那似乎就得合乎逻辑地创造一个形体，这个形体之对于他也就如同那原型之对于观众。只有当作为材料的大理石"在这里"（here）正如同那原型"走出那里"（out there）时，才是可能的。

可是，"在这里"和"走出那里"的确切意义是什么呢？在离她10步远的地方，我无疑看到的是一个裸体女人特定的形象，如果这时走到跟前离得太近地去看她，就再也认不出她了，她是那么凸凹不平，缝隙密布，斑迹点点，那粗糙而污黑的草茎，那油污腻人的条纹，通体就像月形的山峦，简直不可能是那个在远处所羡慕的光滑的躯体、艳丽的肌肤。这就是这位雕塑家所模仿的吗？你甚至觉得，那大概是他尚未完成的工作，而且，无论怎样修复她的外形，他都得要进一步缩小这些缺陷。

《追求绝对》

---

① 芝诺曾有"飞箭不动"的悖论。他说，飞箭在飞行途中的每一点上都是静止的，而静止的总和不能成为运动。

② 圣母玛丽亚（The Blessed Virgin Marry），《圣经·新约》中的圣母，约瑟的妻子，未婚前因圣灵感孕而生下耶稣，人称圣母玛丽亚。约瑟（Joseph），大卫的后代，玛丽亚的丈夫，耶稣的养父，人称圣·约瑟。一说为犹太人十二列祖之一。这里指玛丽亚和约瑟连在一起的画像。"

还有，一个真正相像的塑像既不是原型，也不是雕塑家所看到的，它是按照一定的矛盾原则创造出来的。因为雕塑家所表现的一些细节，并不是以它们存在为借口从远处明显可见的东西；而他所忽视的某些其他细节，才是它们在没被发现的托词下存在的。这种方法与利用旁观者的观点以便重建可接受的形象有什么不同呢？假如是这样的话，我同伽倪墨得斯的关系就要随着我的见解的改变而发生变化。要是走近它，我将发现一些在远处没被注意到的细节。这就给我们带来一种自相矛盾的状况：要么与我真正的幻觉有关，要么，如果你愿意承认的话，是把我和那块大理石的实际距离同我想象中的与伽倪墨得斯的距离搞混淆了。

《追求绝对》

这一切带来的结果是，实际空间的性质遮盖和掩饰了想象的空间。尤其是大理石的真正的可分性破坏了人的不可分性。看来，石头和芝诺还是胜利者。这样，这位第一流的雕塑家就摆脱了教条主义，因为他觉得自己能够排除对象特有的神态，而赋予它不同于人类本性的一些因素。但是，实际上他不知道自己做了一些什么，因为他并没有复制他看到的东西。在寻求真实性中他遇到了惯例。既然最后的结果是要改变观察者的职责，避免将活生生的生命变成毫无生气的肖像，那么，他要追求绝对，最终会使他的作品依赖于被观察到的角度的相对性。就旁观者而言，他是把想象当成了真实，而又把真实当做想象。他为了寻求不可分性而发现了可分性的无处不在。

《追求绝对》

通过反叛古典主义，贾科梅蒂使自己的雕塑品恢复了一种想象的、不可分的空间。他对相对性的明确认可已经呈现出绝对。这个事实表明，他是首先按照自己看到的——从一定距离上看到的那样——去塑造人物的。他授予自己的塑像以"绝对距离"的称号，就如同他作为一名画家时赋予自己油画中的人物以绝对距离一样。他能按你所希望的那样，创作"10 步远"或"20 步远"的一个雕像，让它永远保持不变。

结果是一步跃进了幻想的王国，因为它本身与你的关系不再取决于你和那个石膏块的联系，它实现了艺术的解放。

《追求绝对》

如果一个古典的塑像不断显露出新的细节，就必须研究和探讨它。首先，挑选出各个局部，然后，研究每一局部的不同部分等，以至无穷。而对贾科梅蒂则不然，你无法接近他的任何一个雕塑品。当你靠近它时也不要指望某一人物腹部会由于你的接近而放大，它本是没有什么变化的；而当你想离开时，又将会有一种莫名其妙的欲退不忍、欲进不能的感觉。我们有一个朦胧的期待，幻想着即将看到那胸部的乳头；走近一两步时，仍然这样期待着；如果再朝它身边跨去，一切都化作了泡影，剩下的只有石膏构成的皱褶。这是因为，他的塑像只有尊重一定的距离才会被感知。虽然一切都客观存在着：洁白、溜圆、美丽而成熟的腹部有弹性地下垂着，以及除了物质材料以外的一切，但在 20 步以外的地方，我们只会想到看看让人讨厌的脂肪组织的枯燥形体。它是一种暗示，一种概括，一种象征，但又是可望而不可及的。

《追求绝对》

现在我们明白了是什么迫使贾科梅蒂常常浓缩空间。其原因只有一个——距离。比如，他向我们展现一个远处的女人时，在我们所及的范围内设置距离，即使我们用指尖去触摸她，她仍然保持着距离。我们所想象和期望的乳房是决不会露馅的，它们只是被期待而已。他创造的这个躯体仅仅以充分的物质提供了一种允诺。

《追求绝对》

一些人可能会说："同一个对象，距离太近或过远都不能观察到，那简直是不可能的。"然而我们所说的并不是同一个对象，近处看到的是石膏块，远处则是想象中的人。

"虽然如此，距离仍会造成立体压缩。而当高度保持原样的时候，

也就影响到长度和厚度"。这是对的。不过每个人在别人的眼光看来拥有绝对维度也是事实。比如,当一个人从我这里走开时,他似乎并没有变得更小,尽管其"形体"保持原样,但他的鲜明度却大大缩小了。当他朝我跟前走来时,也并没有渐渐变大,不过他的鲜明度却增强了。

《追求绝对》

不管怎么说,大家一致公认,贾科梅蒂创造的男人或女人,其高度比宽度更接近正常人——仿佛是在表明他们的身材特点。但是贾科梅蒂又故意把他们拉长。我们必须理解这些艺术品。它们完全而又直接地呈现在那里,既不必细想,也无需观察。一见到就能识别他们。它们的奔至眼底就如同一种观念充斥内心一样。这种观念同样是透彻可鉴的,立刻呈现出自己的一切。这样,贾科梅蒂就通过对复杂性的简单抑制发现了一种整合内在复杂性问题的惟一的解决办法。

《追求绝对》

石膏和青铜是可分的,但是一个处在运动中的女人却有一种观念和感情上的不可分性。她没有部分,因为她同时整个儿地交出了自身。为使单纯的存在成为可以感知的表达,为放弃自我立刻呈现于前,贾科梅蒂只好借助于将人物拉长的办法。

《追求绝对》

在初期创作中,人物的姿势——这种永恒的、不可分的姿势,通过那又细又长的腿绝妙地集中体现了出来——透过其像希腊雕塑一般的躯体而把它们举向天空。它们的这种造型,甚至胜过了我所见到的一个伯拉克西特列斯①男子运动员塑像。万物之本源就是这种姿势的绝对根

---

① 伯拉克西特列斯(Praxiteles,创作活动时期约为公元前375～公元前330),古希腊雕塑家,雅典人。作品有《传信使者》(即《赫尔墨斯》,是原作)、《爱神》、《羊神》(是摹制品)。

基。贾科梅蒂赋予自己的物质材料以真正的人的一致性——构成动态整体。

《追求绝对》

　　这种哥白尼式的革命，贾科梅蒂力图引入雕塑领域。在他之前，人们以为他们是在雕刻某种存在（being），把这种绝对溶进一连串的显现。而他选择的则是雕刻出对象的外形，并且发现这就是通向绝对的途径。他为我们展示的男人或女人就像已经看到过的一样，但不只是他个人看到的。你会觉得，我们看到的他的雕塑就如一种外语，我们试图学习并运用。他总是按照自己所观察的，按照别人的观赏角度，按照他所形成的对人的内在状况的理解为我们展示每一个人物——而不是如我早先所说的简化的缘故。10 步或 20 步的远近距离也只是就某一个人距离而言的。他的每一个塑像都证明，人类首先不是为了以后被人观看而存在，而实质上是由于别人的存在而生存。一次，当观赏他的一个女人塑像时，我感到自己发僵的脸色被它吸引，产生了一种愉快的不安。不知为什么，也不知是谁的缘故，我感到一种压抑感，直至发现自己是被迫去看她而又受到自我抑制为止。

《追求绝对》

　　此外，贾科梅蒂还常以增添我们的困惑为乐事，例如在躯体旁边安上一个头像，让我们不知道从哪里开始或到底怎样动作。不过即使没有这些复杂的设计，他那模棱两可的形象也让人困惑的了，因为它们搅乱了我们最受珍爱的视觉习惯。我们长期习惯于欣赏光滑协调的人物塑像，制作这类缄默的塑像目的在于根治我们身上的这种毛病。这些静穆的守护人似乎在观看我们的孩子玩耍，或是在花园里证明，世界没有什么危险，谁也不至于发生任何不幸，所以，它们惟一长存不灭的观念是死亡和新生。

《追求绝对》

与此相对，显然，贾科梅蒂的那些人物也确实非同一般。难道它们是从一面凹面镜中反射出来的吗？难道是从清澈的泉水中倒映出来的吗？或许是哪个放逐营地的某种写照？初看时就像面临着一群布痕瓦尔德（Buchenwald）的面容憔悴的殉道者，然而随即又发现不是这样。他的那些纤弱细长的人物塑像直插天空，看起来就像是一群耶稣和圣母升天，它们手舞足蹈，或许就是一种舞蹈艺术也未可知。这些用同样精制的材料制成的物体是如此醒目地呈现在我们眼前。然而如果认真注视这些神秘物的话，你又会看到，这些瘦弱的躯体上开放的仍然是人间的花朵。

《追求绝对》

这殉道者塑像只是一个女人，但她是一切女人——被瞥见过的，被偷偷地渴望过的，带着脆弱可笑的尊严远远退避的，穿着高跟鞋慵懒地下床走进浴室的豆芽菜般的姑娘们，以及那些被大屠杀或饥荒的可怕的牺牲吓坏了的；一切女人——被裸露的，遭遗弃的，亲近的，疏远的；一切女人——带着靠诱人的丰腴来显示被掩着的消瘦痕迹的，以及靠文雅的丰腴饰来修饰难看的瘦削的；一切女人——在这世上但又将不再停留于世间的处境危险的，生存着并与我们有关的那些令人吃惊的情欲冒险，即我们的冒险。因为她和我们一样，是碰巧诞生的。

《追求绝对》

不过，贾科梅蒂并未满足。只要是能够战胜的对手，他便立刻轻率地决定：我已经稳操胜券。可是，他并不能以真正的成功补偿自己内心，以便一小时一小时地、一天一天地保持这种决定的有效性。有时，在夜晚的创作中，他自信已获得成功，但到了第二天早晨又毁掉了这一切。难道是因为在他的成功之中潜藏着厌倦吗？在他轻率地把那条分缕析的东西钉在一起后，这种厌倦是足以困扰黑格尔的。或许是物质材料在寻求报复；或许是他从自己的作品中排除的那种无限可分性又在他与自己的目标之间突然出现。结果我们看到，要真正实现其艺术追求，他还必须改进自己的创作。

《追求绝对》

　　贾科梅蒂过去已有过许多创作，但现在他还必须创作得更好一些，然后再不断进步。这个阿基里斯将会永远赶不上乌龟的①。一个雕塑家必须有多种方法被作为选择性的空间牺牲品——如果不在他的工作中，那么就在他的生命中。可是在他和我们之间，必定总有身份的不同。他知道自己要做些什么，而我们是无从知道的。不过，我们知道他做了一些什么他自己又是不知道的。他的人物塑像至今还体现出肉感，也许他并没有认清这一点。几乎从一开始创作时，他便不断幻想着这些女人应该更瘦一些，更高一些，更鲜艳一些，这就是他通过创作而设想的有着善行美德的理想人物，他的这种审美标准是有缺陷的。他将永远不会轻易结束自己的追求，因为一个人总是要超越他已有的成就。

《追求绝对》

　　"当我结束自己的工作时，"他说，"我将去写，我将去画，我将快乐地玩耍。"不过，话虽如此，他在生命结束之前是不会结束探索的。是我们正确还是他正确？看来他是正确的，因为正如达·芬奇所说，快乐对于一位艺术家来说并非好事。不过我们也是正确的——属于我们的是这最后的一句话。卡夫卡在临终前曾要求把自己的书全部烧掉，而陀思妥耶夫斯基在生命的最后时刻还梦想着写一部《卡拉玛佐夫兄弟》的续集。这两位作家都未能如愿就死去了。前者觉得，既然自己不能见容于这个世界，也就不愿意为它留下什么；而后者则深感自己没能创造出什么像样的作品。他们两人都是胜利者，至于他们有些什么想法倒在

————————

　　① 阿基里斯（Achilles），古希腊传说中的神行太保。芝诺曾有"阿基里斯永远追不上乌龟"的悖论。芝诺说，阿基里斯开始跑时，在他前面向同一方向爬行的乌龟已先于他"起跑"。当阿基里斯赶到乌龟的出发点对，乌龟已离开出发点向前爬行，当他赶到乌龟新的出发点时，乌龟又已离开新的出发点向前爬行，依此类推，阿基里斯就永远追不上乌龟。

其次。

《追求绝对》

贾科梅蒂也是一个胜利者，他已清醒地意识到了这一事实。对他而言，像某位先生那样，为积聚自己的作品而因循古风、迎合时势，或者找出上百个借口拖延时光、虚掷年华，都是徒劳之举。人们将走进他的画室，对他不屑一顾，拿走他所有的作品，连覆盖着地板的石膏也不放过。他认识到这一点，他做出一副吓人的样子也无济于事。他知道这正是他的胜利，他是属于我们大家的。

《追求绝对》

哲学的谈话

与莱维的谈话

莱维：一段时间以来，您一直在思考希望和绝望问题。这是两个您过去在著作中没有更多地涉及的主题。

萨特：至少，不是以同样的方式。因为我始终认为每个人都爱希望，我的意思是说，每个人都认为无论他从事什么工作或者无论什么只要与他，或者与他所属的社会团体利害有关的事，都是在取得实现的过程中，而且对他和对构成他那个社团的人们也必将是有利的。我认为希望是人的一部分；人类的行动是超越的，那就是说，它总是在现在中孕育，从现在朝向一个未来的目标，我们又在现在中设法实现它；人类的行动在未来找到它的结局，找到它的完成；在行动的方式中始终有希望在，我的意思是说，就确定一个目标加以实现这一点而言。

莱维：您曾经说过，人类的行动朝向一个未来的目标，但是您立刻接下去说这个行动是毫无结果的。希望必然是失望。在一个咖啡馆的侍者，一个人民领袖——希特勒或者斯大林——一个巴黎醉汉，战斗的革命的马克思主义者和让—保罗·萨特中间，在所有这些人中间，看来有一种共同的东西：假如他们都为自己确定一些目标，那末，可以说，他们都会失败。

萨特：我没有这样确切地说，你夸张了。我曾说他们决不会真正达到他们所寻求的目标，我曾说这里始终存在着一种失败……

莱维：您曾声称人类的行动把目的投射到未来中去，但是您也说过这种超越的运动最终引向失败。您在《存在与虚无》中描述了一种存在，尽管它怀着严肃认真的精神设想了种种目的，那些目的仍然像绝对的失败。人为自己提出目标，但是在内心深处，他唯一想望实现的目标是成为上帝，这就是您称之为由自我促成的。由此，自然就导致失败。

萨特：唔，我并没有完全失去这种失败的观念，即使它与希望的观念相矛盾。人们不应忘记在我写《存在与虚无》的时候，我不是在谈希望。关于希望的价值的观念，那是后来才慢慢地在我脑子里出现的。我从未把希望想象成异想天开的幻想。我始终在考虑，即使在我没有谈起这个问题的时候，这是设想我所确定的目的可以得到实现的一种方式。

莱维：或许您不是谈希望而是谈绝望。

萨特：是的，我是谈绝望，但是正如我常说的，绝望不是希望的对立面。绝望是我的基本目的不可能实现，因此在人的实在中存在着一种本质的失败的信念。所以，在我写《存在与虚无》的时候，最后我只能在绝望中找到一个关于什么是人的状态的明晰的观点。

莱维：有一次您对我说："我谈绝望，但这是开玩笑。我谈绝望是因为别人谈绝望，因为这是目前的一种风尚：人们正在读克尔凯郭尔。①"

萨特：的确是这样，我从不绝望；我从未认真考虑过绝望可能作为一种属于我的品质。所以正是克尔凯郭尔在这一点上影响了我。

莱维：很有趣，因为您并不真正喜欢克尔凯郭尔。

萨特：是的，可是无论如何，我是受到他影响的。他的话看来对别人具有真实性。所以，在我的哲学里我要考虑他的话。这是一种风尚：在我的自觉之中有某种东西正在消失的这种观念，我不能由此产生绝望。但是必须考虑如果别人谈起绝望，那是因为对他们来说它一定是存在的。但是注意，人们在我的著作中再也找不到这种绝望了。那只是一个时期，我知道许多哲学家的著作中，在他们的哲学的早期，在涉及绝望和任何哲学观念时，他们说的都是道听途说；他们赋予它很重要的价

---

① 克尔凯郭尔（Sören Aabye Kierkgaard，1813～1855年），丹麦哲学家、神学家。

值，接着慢慢地他们就不再谈起它，因为他们发觉对他们来说这个内容并不存在，而是从别人那里得来的。

莱维：关于极度的痛苦也是这样吗？

萨特：我从未经历过极度的痛苦。这是从 1930 年到 1940 年间一个关键性的哲学概念。这也是来自海德格尔；这些是人们不断使用的概念，但是对我来说，它与任何事物都不相当。无疑，我理解孤寂，厌烦，痛苦，但是……

莱维：痛苦……

萨特：总之，我为了别人才去理解痛苦，我能看到它，只要你愿意。可是极度的痛苦和绝望，就非我所知了。总之，我们还是别再回到那一点上去，因为它与我们的研究无关。

莱维：是的，可是了解到您从没有谈起过希望，而您谈到绝望的时候主要地也不是您的思想，这一点很重要。

萨特：我的思想就是我的思想，但是在红色的标题下我组织的思想、绝望，却是与我格格不入的。对我来说，至关重要的东西是失败的观念，失败的观念关系到我们可以称之为绝对目的的东西。简单地说，在《存在与虚无》中我没有说的是：每个人，在他每时每刻都怀有的理论的或实际的——例如涉及政治或教育的问题等——目的之外，在所有这一切之外，每个人都有一个目的——一个我想称之为超越一切的或者绝对的目的，而所有这些实际的目的只有在与那个目的相关联的时候才具有意义。一个人的行动的意义就在于这个目的，这个目的因人而异，但又都具有这种特质：它是绝对的。因此，不仅是失败，希望，在下面这个意义上也是为这个绝对目的所制约的：那就是真正的失败关系到这个目的能否实现。

莱维：这种失败是不可避免的吗？

萨特：这里我们碰到了一个矛盾的问题，这个矛盾我现在还没有解决，但是我认为作为这些谈话的一个结果，我能够给予解决。一方面，我保留这样一种观念，即一个人的生命显示着它本身是一种失败；凡是他想要完成的，他无法实现。他甚至无法构想他所愿意构想的，或者去感觉他所愿意感觉的。这种观念通常引向绝对的悲观主义。在《存在与虚无》中我无意表达这种观念，但是在今天我不得不这样说。然而，在另一方面，从 1945 年以来，我一直在反复思考，人们所采取的行动，如我刚才对你说过的，它的一个基本特点是希望。而希望就意味着我不能采取一项行动而不设想我将使这项行动得到实现。我并不认为，正如我已经说过的，这种希望是异想天开的幻想；希望存在于行动的性质本身之中。那就是说，行动同时也是希望，在原则上不能使之专注于某个绝对的失败。这决不是说它必然要达到它的目的，但它总是出现在一个表现为未来的目的的实现过程之中。而在希望本身之中有一种必然性。对于我，在此时此刻，失败的观念并没有坚实的基础；相反，希望就其作为人与他的目的的关系，一种即使目的没有达到而仍然存在的关系而言，它是我思想上最迫切的问题。

莱维：让我们举个例子吧，以萨特为例。作为一个小孩子，他就决心从事写作，而这一决定则将他奉献于不朽。萨特在他的著作的结尾将说些什么呢？对于这个决定他又将说什么呢？在众多的选择中作出的这个选择，您的选择，难道是一种失败吗？

萨特：从形而上学的标准来说，我常说这是一种失败。我这样说意思是，我没有写出过一部惊世骇俗的作品，像莎士比亚或者黑格尔那样的作品，所以，联系到我原先所想望的，它是一种失败。但是我的回答似乎太虚伪了。的确，我不是莎士比亚，我也不是黑格尔，但是我写出了一些尽我所能进行反复推敲的作品；其中有些确实是失败之作，另一些则差强人意，还有一些是成功之作。这就足够了。

莱维：但是关于您的决定，从整个来说，又是如何呢？

萨特：整个来说是成功的。我知道我一向说的并不始终如一，而且，在这一点上，我们经常处于争论之中，因为我想我的那些矛盾无关紧要，而尽管所有这些，我还是始终朝着同样的方向前进。

莱维：您确实是一往直前！是啊，您从不认为失败是不可抗拒地必然趋向那具有绝对因素的目的地。

萨特：我从不这样认为。而且，如果一个人竟然想变得那么可耻，他可以认为我从未考虑到自己，即使为别人设想失败。我明白他们是怎样犯错误的，甚至在他们认为已经成功的时候，那纯然是一种失败。至于我，我对自己说，考虑失败和从事写作是把失败变为成功，而我在作品中大致取得了成功。的确，我并没有考虑得很清楚；否则我早就会发觉到巨大的矛盾了。可是我终究还是考虑过的。

莱维：那么凭什么去区别一个当侍者的欲望———一个满怀着我们开头谈到的那种严肃认真的精神的侍者——和萨特的把一切视为鄙不足道，抛在一边而向往不朽的欲望呢？或者在这种差异之中除了卑贱以外就别无他物了吗？

萨特：我认为，不管怎样，在我写作的时候和直到我停止写作为止，我为之心折的不朽思想是一场白日梦。我认为不朽是存在的，但不是像这样的不朽。我愿意后面自己试着解释这一点。我认为我希望达到不朽的态度，如我所想象的，与一个侍者或是希特勒的态度并无多大差别，只是我用来制作我的作品的方法不同而已。我的作品是正确的，道德的；我们会明白我说的这一点是什么意思。所以，我相信，有些必然伴随着行动出现的观念，比如不朽的观念，是可疑的而且是乱人心意的。想成为不朽的愿望并没有左右我的作品。

莱维：但是我们就不能从这种差别开始谈起吗？您对我们讲到您的作品是读者与作者之间的一个慷慨的盟约，一个信赖的盟约。您始终履行一个作家的基本任务。

萨特：社会任务。

莱维：在这种社会任务里难道没有一种欲望，至少像您在《存在与虚无》中说的那种基本欲望的反映吗？

萨特：有。但是我认为需要加以解释清楚。我认为在第一种严肃认真的精神的形式之外，还有另一种形式。那就是道德形式。而道德形式的意思是指我们停止，至少是在那个水平上，把存在视作我们的目的；我们不再希望成为上帝；我们不再希望成为 causasui①；我们寻求别的

---

① 拉丁语：意谓他的目的（或理由）。

东西了。

莱维：causa sui 的观念，毕竟只表现一种明晰的神学传统而已。

萨特：是的，可以这样理解。

莱维：从基督教到黑格尔。

萨特：是的，我同意，我认为是这样。这是我的传统，我没有别的：既没有东方的传统，也没有犹太人的传统。由于我的历史真实性，这些对我都不存在。

莱维：您通过把自己从这个传统中解脱出来，成为一个上帝式的人，通过把自己从这个作为一个人的事业的定义中解脱出来，您才使自己脱离了这个传统。

萨特：是的，我认为我们现在考虑的道德并非必然引向基督教传统；我们所应该考虑的，以及我们应该在道德中寻求的目标，不是基督教提供给我们的那些东西。

莱维：那慷慨的盟约会在一定程度上推动我们需要一个至少像那"严肃认真的精神"称之为基本的欲望一样的社会吗？**萨特**：我相信会这样。是不是必须解释清楚这里所说的社会是什么意思吗？那不是第五共和国①的民主或假民主。那是人与人相互之间的一种不同的关系的问题。它也不是马克思认为的那种社会经济关系。

莱维：在您同马克思主义进行的使人精疲力竭的辩论中，您难道没有寻求我们今天叫作社会愿望的东西，从而摈弃《存在与虚无》中所表达的那种欺骗人的辩证法吗？

萨特：毫无疑问。

莱维：您以为您在《存在与虚无》的结尾展开了一个道德的前景，此后您并没有写出一本书来提供答案，但是您却忙着跟马克思主义辩论。人们一定以为这两者是密切相关的。

萨特：非常密切。

――――――――

① 法国在第二次世界大战以后自戴高乐任总统以来称第五共和国，其特点为总统权力显著扩大。

莱维：您原以为凭着黑格尔和马克思对历史的意义所作的解释，人们就能走出《存在与虚无》所引向的死胡同了。

萨特：是的，不过大致如此。当时我想必须在别的地方寻找一个答案，这就是我现在要做的事。我告诉你，探索真正的社会道德目的，与为左派寻求一条能在今天生存的原则的想法是并行不悖的。一个抛弃了一切的左派，现在已经败北，听任那些拙劣的右派政党去赢得胜利了。

莱维：那些政党不仅拙劣而且下贱。

萨特：在我说右派的时候，我的意思是指那些卑鄙的家伙。这个左派，或者是死亡——在眼下濒于死亡的是人，或者是找到一些新的原则。我希望我们的讨论是一种道德的轮廓和左派的指导原则的发现。

莱维：我们能达到最接近实际的一点，那就是左派的基本原则多少是与一种社会愿望相关联的。

萨特：绝对如此，而且与希望相关联。你知道，我的那些作品都是一种失败。我没有说出一切我要说的，或者没有运用我想说的方式说出来。这在我的生活中有时是非常痛苦的；另一些时候，我误解了自己的谬误，而以为我做了我想做的事。可是此时此刻，这两者我都不相信。我相信我或多或少做了我力所能及的，它有多大价值就是多大价值。后世会驳斥我的许多主张；我希望其中有些会继续存在。但是不管怎样，在历史的许多运动中总有一种运动会慢慢地引导人认识自己。于是，本来会在过去实现的一切就会发生，就会具有一种意义。比如，我所写的作品。那就是给予我们所做出的一切以一种不朽。换句话说，人们必须相信进步。而这或许是我最后的一句天真的话。

莱维：让我们回到您和革命派的辩论上去。您说您和他们有共同的目标。可是在内心深处，您还是持怀疑态度的。您那些话或多或少表示了这种意思。您以往不过是一个同路人。那不是说明您赞成一种双重思想体系吗？

萨特：确切地说，那并不真实。那不是一种双重体系的思想。那只是我发现每个政党都是愚蠢的，因为主意都来自高层，并且影响下层的想法，那是提出愚蠢的主意的最好办法。因为主意是应该在下层想出来

的，是不能从上面加以评价的。自从我20岁以来，这就是为什么一个政党的观念总使我反感的原因。人们应该认识到一个政党并没有真理，并且也不指望有真理；政党自有其目的意图，并向某个方向进展：一个同路人，确切的意思就是"一个试图在这个党的组织之外思考问题而希望党能利用他所发现的真理的人"。

莱维：同路人的这种做法可能导致的一个结果是：三十年代正当苏联实行强制性的集体化，消灭成千上万的农民的时刻，正当这种精神方兴未艾的时刻，罗曼·罗兰抵达苏联，他却宣称："我在苏联看到了人类精神的权利获得了显著的扩大。"

萨特：罗曼·罗兰不是卓越的思想家。

莱维：萨特于1954年来到苏联进行一次正式访问，回国后他在一家晚报上宣称，苏维埃社会主义共和国联盟是享有最多的自由的国家。

萨特：我确实想到它的一些美好的事物，尽管不如你想的那么多，但正是这样我才防止自己否定地思考它。

莱维：同路人有一些很古怪的知识分子习气。

萨特：我并不是说一个同路人是完美无缺的人；这不是简单的。事实上，我现在不想为同路人辩护，因为不幸的是他为党提出的主张都没有被接受。

莱维：一个党——是像您所说的那样愚蠢——和一个同路人，也就是说，一个知识分子，他作为一个知识分子就会有一个真理的概念，两个加起来，就引起某种悲惨失败的事情。

萨特：我明白，我明白。

莱维：那么，这样看来，您似乎在给已故的同路人致赞颂的悼词吗？

萨特：我不过是说，目前许多政党都鼓起劲头了。显然，在今后二三十年内重要的左派政党再不会像它们现在这样了。也许那时有一两个政党已经消亡。可能会发生一些其他事情，于是也不会再有同路人了。那将是，我曾经解释过，一连串具有明确的和特殊的目标的群众运动。在这些群众运动中，同路人的概念就不再有任何意义了。

莱维：您的同路人将放弃它的灵魂。我想要一张签署的死亡证明书。死者是谁？一个阴险的恶汉，一个骗子还是一个头脑清晰的人？

　　萨特：我宁愿说他是个不坏的人。不一定是个骗子：在一定的情况下他可能是骗子。要是他屈从于党的要求，他会变成一个恶汉或骗子。但是他也可能拒绝屈服，那么他就是个不太坏的人。简单地说，把事情搞得使人无法忍受的是党。如果他是个同路人，那是因为有一个政党在。

　　莱维：让我们说得明白点吧。同路人的这种形象是不是最近30年来损害了左派意识形态的其他种种失败中的一种呢？

　　萨特：在我看来，就是这样。

　　莱维：对于您在这方面的活动，今天您是怎么想的呢？

　　萨特：我实在够不上是一个同路人。在1951到1952年间我是同路人；1954年我去了苏维埃社会主义共和国联盟，几乎就在这以后，随着匈牙利事件的发生，我就跟党决裂了。这就是我作为一个同路人的经历。只经历了四个年头。况且，这对我来说是次要的问题。因为那时我还做了其他事情。

　　莱维：难道我们没有发现这岂不是有两重思想体系之嫌吗？

　　萨特：我始终这样说，我与党的想法不同。这不是两面派。我愿意说服自己，党的那些伪观念总还是充含了某些真理，它们总还是具有一个坚实的基础，它们的愚蠢的一面也许只是表面的。事实上，在我心目中曾留下很深的印象，因为共产党把自己叫做工人阶级的党。我认为这是一个错误。一个知识分子需要有某种他为之坚持不懈的东西。我找到了，正如很多别的人找到了一样。

　　莱维：让我们谈谈知识分子这种对某种东西坚持不懈的需要吧。您如何解释这种需要最后把您，把您和许许多多其他人都引到了斯大林主义的礁石上去的呢？

　　萨特：那不是斯大林主义。斯大林主义已经跟斯大林一起死去了。今天，人们用斯大林主义来诋毁任何东西。

　　莱维：那又如何解释知识分子需要坚持不懈地，我的意思是说，在那种破烂货里去找到支持和根据呢？

　　萨特：因为这是一个涉及为社会寻找未来的问题。对社会来说，有

必要阻止它今天这样到处乱七八糟的状态。我并不认为靠我自己，靠我的思想，我就能改变世界，但是我识别出那些正在试图前进的社会力量，我发现我是置身于他们中间的。

莱维：有一点我们不是看得更清楚吗？开始的时候，那位完全独立无羁的知识分子，对共产党并不关心，写《存在与虚无》，也无意寄托希望，从而给这种射向未来目标的超越赋予一个积极内容……

萨特：——无意寄托，但也无意寻求……

莱维：那位独立无羁的知识分子可并不特地在共产党的破烂货里寻找一种真理①；不，他向任何人都不作说明，只是精心创立一种思想体系。但是您走进了一条死胡同，于是通过反对派，您看到了内容；您以为您原先的结论不准确，而为了使未来具有内容，您需要求助于一个代表团。

萨特：是的，我需要联合起来的人，因为光凭一两个单独的实体不可能动摇社会躯干并使之崩溃。这就需要想出一个由战斗的人们组织起来的团体。

莱维：好极了。您马上设法提出团体问题，多数人联合起来一起行动问题，作为革命思想的关键问题。您可以写一本长达 800 页的书为实际参与活动的集体确立一套理论。

萨特：那是一本没有完成的书②！

莱维：而且是一本人们曾经指望能超过 800 页的书。然而，为了确立这样一种实际参与活动的集体的理论，您不得不求助于历史的最终目的描述。您从马克思主义那里借来这种描述：工人阶级对完成史前史负有责任。让我们把所有一切都加上去。人们看得出您已经从您最初把终极目的界说为失败转移到认为终极目的是由无产阶级完成历史的第二种界说了。

萨特：但始终没有忘记失败。

---

① 这部分提到的共产党，指第二次世界大战前及战后一段时期的法国共产党。

② 即指下面提到的《辩证理性批判》，第一卷出版于 1960 年，是萨特的哲学思想发展演变的展现。但此后作者并未着手撰写续篇。

莱维：在《辩证理性批判》中，人们确实看到了失败，因为人们每一次期待找到博爱，他们都被恐怖吓倒了。但事实是在《辩证理性批判》中，思想运动的原则是具有一个最终目的的原则。

萨特：原来想加上一个论述这个最终目的的第二部分，如你所知，我没有写。

莱维：您提出的这两种界说都不能令人满意。第一种界说由于您提出第二种界说您已经把它放弃了；而第二种界说，如果我能斗胆这样说的话，因为我们的时期把它给抛弃了。

萨特：我以为演进通过行动将是一系列的失败，但是从这些失败中将出乎意料地产生一种早已包含在失败之中而被那些想望成功的人们所忽略的积极的东西。这个积极的成果将是部分的、地区性的成功，那些一向为这些成功而工作的人却不容易识别这就是成功，但是随着从失败到另一次失败，积极的结果将取得一定程度的进步。我就是这样理解历史的。

莱维：在同一个时刻面临着思索的困难以及活着的失败和意义，面临着要冒种种犯错误的风险，人们不如放弃这种一个目的的观念为好……

萨特：那么为什么要活着呢？

莱维：听到您这样说，我很高兴。今天这种一个目的的观念怎样才能表现出来呢？

萨特：通过人。

莱维：请您解释。

萨特：我的意思是说，要显示人到底是什么是可能的。首先，你知道，对我来说，不存在 a priori① 的本性；所以，人是什么还没有得到确定。我们都不是完整的人。我们都是在努力斗争以期达到人的关系和人的定义的存在（beings）。我们现在正处于一场斗争之中，而这场斗争无疑将持续好几年。但是这场斗争需要加以解释：我们寻求像人一样在一起生活，并且寻求成为人。所以，正是从寻找这种定义和这一明确无疑

---

① 拉丁语：先验的。

属于人的行动，当然在人道主义之外，我们才能考虑我们的努力和我们的目的。换句话说，我们的目的是达到一个真正选定的机构，在那里每个人（person）都将成为人（man），其中一切集合体都同样地富有人性。

莱维：在 1939 年以前①，您曾说人道主义是胡说。几年以后，您对自己的改变未加说明，您在一次讲演中问道：存在主义是一种人道主义吗？您说是的。接着，不多几年以后，在殖民战争时候，您解释说人道主义是殖民主义的遮羞布；今天您告诉我们：人必须成为人，但这又与人道主义毫不相干。

萨特：我有些厌恶人用来赞美自己的人道主义。那就是《恶心》②中人们期待那个自学成才的人来强调的问题。我历来拒绝这种类型的人道主义，我现在仍然如此。我也许太绝对了。我的设想是，等到人真实地、完全地存在的时候，那么他和同时代的人关系以及他独自存在的方式，就可能是我们可以称作人道主义的目的了，就是说，那就是人的存在方式，他和他的邻居的关系以及他自身的存在方式。但是我们现在并不在那个时刻；我们是前期人（pre-man），就是说，是没有达到一个他们可能永远无法达到的目的的存在（beings），但是他们显出自己是朝着那个目的前进的样子。在这个时刻，人道主义会有什么意义呢？如果有人把存在看做是完美的封闭的全体（totalities），在我们的时代就不可能有人道主义。恰恰相反，如果有人认为这些前期人身上有某些原则是合乎人性的，我的意思是指能使这种前期人成为人并预先防止构成前期人的存在的胚芽，然后根据眼下迫切的原则来思考个人对个人的种种关系，这样我们才能把它叫做一种人道主义。那主要是同别人的关系的道德。这是一个道德的主题，等到人将来成为人的时候，它仍将存在。这样一个主题能产生一种对人道主义者的肯定。

莱维：马克思也说过人最终将成为真正全面的人。随着这样的推理，人们把前期人视作原始物质从而构成完整的全面的人。

---

① 即指空前酷烈的第二次世界大战爆发前。
② 萨特于 1938 年出版的著名中篇小说，亦译《厌恶》。

萨特：哦，是的，可是这就太荒唐了。人们在前期人身上发现的恰恰是具有人性的方面，而这些是促使人们禁止自己利用人作为达到一个目的的东西或者工具的原则。我们正是在这一点上坚持一种道德。

莱维：在另一个时期，您不是又该把这种向道德的呼吁斥之为形式的或资产阶级的吗？我们行动光明正大。您给我们讲这些禁律，您给我们讲什么是合乎人性的。所有这些，在以前可能会使您感到好笑。这里到底有什么已经改变了呢？

萨特：如你所知，有很多很多事情，在此有待于讨论。无论如何，在过去我可能会感到可笑，我可能会讲那是资产阶级的道德；我可能讲的全是废话。接受事物的现状，根据事实，根据我们周围的前期人，不用考虑我们的资产阶级的或者无产阶级的本质，直接从我们自己来说，人道主义只有通过努力才能实现，只有依靠人才能实现。而我们，正处于前一个时期，正朝着那个我们以及我们的后代应该或者将来应该成为的人的方向前进，我们只是把人道主义视作我们身上优秀品质的经验，视作跳出我们自身而进入人——从我们的善良的行动可以想见这样的人——的圈子的一种努力来实现。

莱维：今天您是怎样理解道德的呢？

萨特：我认为不论是什么意识，都有一个向度①，义务的向度，这个问题我在哲学著作中没有研究过，也很少有别的人研究过像这样的问题。义务这个词并不恰切，但是要找另一个词，你几乎就一定要发明这样一个词。我的意思是说任何时候我感知到任何东西或者干什么事情，总有一种企图超越实在的要求，它把我试图实现的行动变成一种内在的强制力，这就是我的意识的向度。每一个意识都必须做它所做的事，并不是因为凡是它所做的都真正是正当的，而是因为不论它可能有什么目的，它看起来总具有一种要求的性质，在我看来，这就是道德的开始。

莱维：有很长一段时间，您对个人是置于托管之下的观念一直很敏感。在《家庭的白痴》中，您引证了卡夫卡的话，又加上了一句："可

---

① 原文为 dimension，可译为：向度、广延性、维度等。

是你不知道交付给谁管。"这种不知道交付给谁管的受托管的自由的观念——这是否就是您想这样概略地描述一种必要的自由的观念呢?

萨特:我认为这是一回事。在每一种古典的道德哲学中,不论是亚里士多德的或是黑格尔的,你都碰到同样的困难:处于意识之中的道德到底在哪里?它是一种现象吗?我们一贯是道德的吗?有没有这样一些情况:你没有沦为道德败坏,而你却是不道德的?当你吃东西或者喝一杯酒的时候,你感到道德或不道德,或者根本没有感觉到什么吗?我们也忽略了人们作为教导孩子的那种日常道德的道德与那种特殊情况之下的道德之间的关系。我认为每一个意识都有这种从未有人加以分析的道德的向度,而我就希望我们来分析这种道德的向度。

莱维:可是在您的早期著作中,您曾解释说意识是道德的;自由是它所具有的价值的唯一源泉。您现在在转变您的思想了。

萨特:因为像大部分道德家那样,在我早期研究中,我是在既没有相应的也没有其他的(我宁愿要其他的而不愿要相应的)意识的一种意识中寻找道德,而今天我认为在特定的时刻发生在意识里的一切,必然受制于,甚至萌生于其他人在那个时刻出现的甚至没有出现的,存在的意识。换言之,对于我,一切意识都在把自身构成意识,而在此同时又构成其他人的意识和为其他人的意识。那种实在(reality)就是我称作道德意识的东西,那就是这个自身被视作为为别人的自身并与别的人有一种关系。

由于我们总是出现在别人面前,即使在我们上床和睡觉的时候也是如此,由于别人在这同时看来好像是一种微妙的强制力和无法实现的东西。而当一个人行动的时候,他就是在作选择,一种自由的选择。这种强制力就其不作决定而言,是超现实的。它看来好像是强制力,而选择却是自由地作出的。

莱维:是不是年老使您改变了思想?

萨特:不,每个人都把我当做一个老年人①。我对此感到好笑。为什么?因为一个老年人从来不想感到自己是个老年人。我从别的人那里

_____

① 此时萨特已年届 75 岁。

懂得，年老对于那些从外部观察这个现象的人意味着什么，可是我不感觉自己年老。所以，我的老年不是一种——就其本身而言——教我懂得一件什么事情的东西。教我懂得一些事情的是别人对我的态度。在别人看来我已经年老这个事实，是说明老了。老年是由别人所经验到的关于我的一个现实；他们看到我，说我是老年人，他们对我和和气气，因为我快要死去了，他们还对我很尊敬等等。正是别人才是我的老年。你不妨注意这一点：尽管你以掩藏自己的存在而谈论我这种方式参与这次对话，我们仍然是在一起进行的。

莱维：这个"我们"是怎样使您的思维起了变化，您又为什么接受这种变化呢？

萨特：起先，你知道，我需要有一个我能和他作一次对话的人，一个我想可能是秘书那样的人——我只能讲，因为我已经不能执笔写字了。这一点我向你暗示过，但是我立刻明白，你不可能成为秘书，就你来说，你必须成为这种沉思的部分。我的意思是说我们必须一起进行这种沉思。这样就使我的研究方式完备了，因为到目前为止，我始终是独自工作，坐在一张桌子旁边，面前放着一枝笔和一张纸。而现在我们一起形成思想。有时我们并不一致。这构成了一种我只有在我老年时期才能有的思想交流。

莱维：这是不是两害之中害处较小的一种？

萨特：开始的时候，是的，但是后来这种合作就不可能是两害之中害处较小的一种了。这真可怕：我的思想被别人或一种新的东西冲淡了；那是一种正在由两个人形成的思想。我平常伏案著述，而通过我的著述提出的观念都是带着普遍性的，但它们不是复性的。它们是普遍性的，就是说，每个人读了它们就形成自己的思想，不管是对还是错。但只要它们不是几个人的意向融合的结果，那就不是复性的，并且带有我的印记。一种复性思想没有特别的进入权；它是由每个人以不同的方式进行探讨的；它只有一个意义。但是这个意义却是由每个人从不同的前提和先人为主的偏见产生的。而它的结构则通过每个人的不同的眼力而为人所理解。

在只有一个作者的时候，思想就带有它自己的印记：一个人进入作者的思想，这个人就循着那位作者已经探出的那些道路进行，尽管这个思想是普遍的。这就是我们的合作所带给我的：我们共同形成的这些复性的思想总是给予我一些新的东西——尽管从一开始我表示赞同过。我曾想不管你能说什么来改变我的一个观念，不管你说的是你的反对意见或者是一种对观念的不同看法，等等，那都是必要的，因为这样就不再把我放在一种从一张纸的后面想象出来的公众面前了——我以前经常这样——而是放在那种能引出我的观念来的反作用的面前。这时候，你在我心目中显得非常有趣。同样，还有一点关系很大：你 15 岁的时候，就开始从我的著作中考虑哲学问题了，你记得很清楚，比我记得清楚得多。在我们的谈话中，这一点很重要，因为你把我带回到 1945 年或 1950 年我说的那些话，为了使我明白我当前的思想怎样会发生矛盾或者再次坚持那些思想的。

最后，你对我非常有用。人们不能真正在我们的谈话中感到这一点，因为，就像经常那样，当你不是单独和我在一起的时候，你躲在隐蔽的角落，这样不管发生什么情况，人们就能看见一个老人在让一个聪明的老弟跟他一起工作，而他是主要角色。但是在我们两人之间发生的却不是那种情况，那也不是我所想望的。我们是两个人，尽管我们年龄不同，都熟悉哲学史和我的思想演变的历史，我们一起探讨道德问题，一种常常与我过去所持有的某些观念相抵触的道德。问题不在这里。但是对于我们现在所进行的探讨，你的真正重要的作用，人们在我们的讨论中却感觉不到。

莱维：曲解我们的讨论的是第三个读者的出现。

萨特：这我很清楚，可是正由于为了这第三个读者，我们才写作……

永别的仪式

从童年开始，我总是感到自己是自由的。自由的观念在我这儿有发展，它没有那些模糊、矛盾和抽象难解的地方；而人们一旦把它看成让与，就会产生种种误解，它在我这儿是越来越清楚的。从生到死，我都带有一种深刻的自由感。我从小就是自由的，这是从这个意义上说的；所有那些谈到自我的人——他们说，我希望这；我想干那——都是自由的或感到自己是自由韵。并不是说他们真正是自由的，但他们相信自己的自由。自我成为一种实在的对象——它是我，它是你——同时又是自由之源。一个人一开始就感到这个矛盾，而这个矛盾代表一种真理。自我同时又是随着自身力量而时刻展现的意识生活方式。

　　我感兴趣的主要不是我的准对象的自我……比较重要的是所谓体验水平上自我创造自身的氛围。在每一时刻，一方面，有一种对象意识，即对于人们居住的房间或这城镇的意识，这是一个人偶然存在的意识；另一方面有一种了解和评价这些对象的方式——它虽然不是预定的，但也不是同这些对象一起被给定的而是来自自身的。它是即时给出的，它有一种松脆——它既显现出来又能够消失。自由正是在这个水平上表现出来，大体说自由正是这种意识的状态本身，它表现的方式不依赖任何东西。它不由先前的时刻决定——它也许与过去时刻有关，但这种相关完全是自由的。从一开始起，我就把这种意识看成自由。……我正是由于一种意识状态的性质而总是感到自由。

　　　　　　　　　　　　《永别的仪式·同让——保尔·萨特的谈话》

　　那时我正在写《存在与虚无》，这大约是在 1943 年。《存在与虚无》是一本关于自由的书。当时，我跟古老的斯多葛派一样，相信一个人总是自由的，甚至在可能导致死亡的非常令人不快的环境中，在这点上我有很大的改变。我认为实际上在有的境况下一个人是不可能自由的。我在《魔鬼与上帝》中解释了我的这种思想。……海因里希这个教士，是一个从来都不自由的人，因为他是教会的人，同时又与人民有联系，而他们同他的教士教育是没有任何关系的。人民和教会相互对抗。他使自己处于这些力量的相互冲突之中。他只有死去，因为他决不可能确认自己。我的这种改变是在 1942 年到 1943 年或者还要稍后一点，我从"一个人总是自由的"斯多葛派思想——对我说来是一个非

常重要的观念，因为我总是感到自由，从不了解我不可能再感到自由的那些非常严重的环境——前进到后来的思想：存在着给自由加上锁链的环境。这种环境是由他人的自由产生的。换句话说，一个人的自由被另一个人的自由或他人的自由加上锁链，这是一个我总在思索的问题。

《永别的仪式·同让——保尔·萨特的谈话》

就我的自由说来，我没有改变。我认为我是自由的。跟许多人一样，我在一定程度上被异化了。在战争期间我受到压迫。我是一个战俘时，我是不自由的。但我经受这种战俘生活的方式中具有某种自由。我不知道为什么，但我认为自己几乎对于一切对我发生的事情都负有责任。当然，是在被给予的处境中的责任。但总的说来，我在一切我做过的事情中遇到了我自己，而我不认为自己的行动由一种外部原因决定。……自由体现了某种不存在但逐渐自己创造着的东西，某种总是现存于我之中，直到我死才离开我的东西。我认为别的所有的人都跟我一样，只是意识到这种自由的程度以及自由对之显现的清晰度则根据环境、出身、自身发展和知识而有不同。

《永别的仪式·同让——保尔·萨特的谈话》

整个战前时期我都没有政治观点，当然我也不去投票选举。我洗耳恭听尼赞的政治演说，他是共产党员，但是我同样去听阿隆或别的社会党人的说词。至于我自已，我认为我要做的事情是写作，我绝对不把写作看做一项社会活动。……我以前是这样看待自己的生活的：首先是写作，在这之余，愉快地过日子。

《七十岁自画像》

我开始看到实际情况并非如此，是从 1936 年起的。首先是人民阵线。海狸（西蒙娜·德·波伏瓦的昵称）讲过，我们曾从远处对人民阵线表示赞赏：我们站在人行道上目睹人民阵线的游行队伍通过，队伍里头有我们的同学；我们却在外面，靠边站，我们感到这一点。不过这毕竟迫使我们放弃绝对冷漠的态度，我们是完全拥护人民阵线的。但是我没有做任何事情使我足以被看做人民阵线的支持者。后来社会运动发展了，事态急遽地变化，后来是 1938 年夏天，慕尼黑会议期间，我身上的个人主义的和平主义与反纳粹主义如水火相攻；然而至少在我脑子里，反纳粹主义已经占上风了。因为这个时候纳粹主义已经对我们呈现出一种要打垮我们法国人的敌对力量，这也与我的一个经历相符合，这不单是个人的经历，已经是社会经历了，虽然我当时还不明白这一点。我指的是 1933 年我在纳粹德国住了一年。我结识了一些德国人，我跟他们谈话，我看到一些为躲避纳粹分子而隐蔽起来的共产党人。当时我不以为这在政治上有什么重要性，但是事实上这时我想的或者我经历的事情已经产生影响，不过我自己还不明白。纳粹德国简直叫我冒火，而那个时候在法国已经出现杜梅格——他是一种天真善良的法西斯分子——各种联盟、火十字团等等，所以我回国后不久就采取与尼赞以及与我的共产党或社会党同学们接近的立场，就是说反法西斯的立场，但是我显然没有从中得出实际上的结论……所以你看，人们可以在我战前时期的生活里找到一些预示我日后态度的因素。

《七十岁自画像》

在我生活的第一阶段，虽然有些模糊，我看到了我的自由和世界之间的对立。战争和战后这些年除了对立的发展再没有别的什么，这是我选择"社会主义和自由"作为我们抵抗运动的名称时我想指出的东西。一方面是一种有秩序的团体的思想，每一个人都按照自己的主义发展；另一方面，自由的思想，这是每一个人和全体的自由发展，在我看来，这两种思想是相对立的——甚至在每一个单独存在着、一个人从另一个人那里分开的时候。在战后我所发现的东西就是我的矛盾和这个世界的矛盾，在于自由观念，个人的充分发展的观念和个人所属集体的同等的充分发展的观念的比照，二者一开始就显得矛盾。社会的充分发展并不必然是一个公民充分发展的先导。……这个矛盾在占领期也很明显。抵抗意味着非常重要非常严格的许多准则，例如，进行秘密工作或完成特别危险的战斗任务，但它的更深的意义是建立另一个应该是自由的社会，因此，个体自由的理想就是建立他为之战斗的自由的社会。

《永别的仪式·同让——保尔·萨特的谈话》

……今天，共产党已进入手段的可怕怪圈，必须夺取并保持关键地位，那就是获取手段的手段。……既然我们还是自由的，我们就不会参加共产党的队伍……即使作为公民，在某些特定的情况下，我们会支持它有利于我们的政策，这并不意味着我们应该用笔杆为它服务。如果交替的两极真是资产阶级和共产党，那么选择就不可能了。因为我们没有权利只为压迫阶级写作，也没有权利与一个要求我们在自欺中带着不良意识去工作的党团结一致。

《存在与自由》

……我的真正意图是成为一个批判的"同路人"。我犯过许多错误，但我认为，处于批判与纪律之间的紧张状态正是知识分子"同路人"的典型境况。我想这种人今后在党内应该有他们的地位。

《词语》

马克思主义，在像月亮吸引潮汐一样地吸引了我们之后，在改变了我们的全部思想之后，在清算了我们中间的资产阶级思想的种种范畴之后，又突然把我们抛弃了；它没有满足我们对理解的需要；在我们所处的特殊立场上，它再没有一点新的东西来教育我们了，因为它已经停滞了。

《辩证理性批判》

……你很容易指出，在 20 年前，当我还迷失于非知识的蒙昧主义之中的时候，马克思主义是如何以一种严谨的辩证思想逐渐征服我的。事实上，我一直把现象学的方法和对存在计划的把握看做是接近实践的基本问题的最佳工具。……如果存在主义的思想（至少我的思想如此），与马克思主义汇合，并愿意与之结为一体，这是由于其内在的动力，而不是由于马克思主义的优越。……无神论存在主义得以生存下去是因为具体的马克思主义并不存在，更确切地说，这——应该是一种文化的庞大理论，只是一种唯意志论的唯心主义，只是靠强力维持在物质和辩证法等概念之上的一些断言。……马克思主义有待于制作。……我们的时代处于资产阶级思想这种没有根基的认识与历史唯物主义这种没有认识的根基，这两者之间，它依然是（精神科学除外）一个非知识的时代。……就我而言，我坚信惟有具体的研究才能使产生了我们所有思想的哲学逐渐丰富起来，并使之能辩证地表述其真正的问题。此外，我还感到，我们在这方面还领先于你们，因为我们关心人，我恐怕你们已经有些把人给遗忘了。

《人的远景·存在主义，天主教思想，马克思主义》

（同《存在与虚无》相比，《辩证理性批判》句子冗长，晦涩难懂，这与萨特当时的写作状况有关。对此，萨特解释说：）"我当然能把这本书写得更好一些，这是由当时一些具体问题造成的。我是说，如果我能再读一遍，再划分一些段落，写得更紧凑些，也许这本书就不会有今天这么密集的样子。但也不能因此而撇开当时的局势以及我个人的情况。不过即使我写得更好一些，那也不会与现在这本书相差太远，因为事实上每句话之所以很长，之所以其中加了许多括号、引号，还有许多'因为'等等，仅仅因为每句话都表现了辩证运动的整体。"

《作家及其语言》

一方面，我保留这样一种观念，即一个人的生命显示着它本身是一种失败；凡是他想要完成的，他无法实现。他甚至无法构想他所愿意构想的，或者去感觉他所愿意感觉的。……在另一方面。从1945年以来，我一直在反复思考，人们所采取的行动，如我刚才对你说过的，它的一个基本特点是希望。而希望就意味着我不能采取一项行动而不设想我将使这项行动得到实现。我并不认为，正如我已经说过的，这种希望是异

想天开的幻想；希望存在于行动的性质本身之中。那就是说，行动同时也是希望，在原则上不能使之专注于某个绝对的失败。这决不是说它必然要达到它的目的，但它总是出现在一个表现为未来的目的的实现过程之中。而在希望本身之中有一种必然性。对于我，在此时此刻，失败的观念并没有坚实的基础；相反，希望就其作为人与他的目的的关系，一种即使目的没有达到而仍然存在的关系而言，它是我思想上最迫切的问题。

《存在主义是一种人道主义》

我们寻求像人一样在一起生活，并且寻求成为人。所以，正是从寻找这种定义和这一明确无疑属于人的行动，当然在人道主义之外，我们才能考虑我们的努力和我们的目的。换句话说，我们的目的是达到一个真正选定的机构，在那里每个人都将成为人，其中一切集合体都同样地富有人性。

《存在主义是一种人道主义》

坦率地说，有一件事在我一生中发生过两次，那就是绝望的诱惑。第一次是在 1939 年至 1945 年，那时我成长得超过了我的青年时期，我没有参加政治活动，我忙于搞文学，……战争来临了，一点一点地，特别是在战败以后和德国占领期间，我彻底感觉到我曾经认为展示在我前面的世界被夺去了：我发现我面临着一个悲惨、邪恶和绝望的世界。但是我拒绝这种绝望的可能性。……我仍然相信纳粹势力终究要退出，战争终究要结束，那是因为我内心自有一种东西——希望——它从未长久离开过我。后来战争结束了。从那时起，我始终过着幸福的生活，但是不时被辩论、被必须保卫的事业、被有时像是绝望的思想打断，……但是我很快又重新振作起来。接着，一点一点地，事情又一次出了问题。1975 年，当时我还是一个被 1968 年 5 月所鼓舞的人，基本上想把自己的思想并无多大矛盾地同 1968 年的那些人的思想联合起来，可是接着国际形势就变成了今天这样的状态，这就是，至少在许多政府，几乎是每个国家的政府中，右倾思想取得了一次胜利。

《*存在主义是一种人道主义*》

　　我在天主教教义中长大，我得知，万能的上帝为了它的荣耀而创造了我，这大大超出了我的梦想。然而随后，我在人们教我认识的时髦的上帝身上却并未认出我的灵魂所盼望的那个人：我需要一个造物主，人们却给我一个大老板。……我毫无热情地供奉着法利赛人的偶像，官方的教义也使我对寻找我自己的信仰大倒胃口。这是何等的运气！信心与忧伤把我的灵魂变成了适于播种天国极乐生活的优质沃土。要是没有这一误解，我早就做了修道士了。但我的家庭也受到了一场抛弃基督教信仰的运动的影响。这场运动进展缓慢，最初产生于信仰伏尔泰学说的上层资产阶级，经过一个世纪才波及到社会的各个阶层。使人们的信仰普遍淡化。……当然，为慎重起见，我们家所有的人都是笃信上帝的……像无数其他人一样，人们也给我行了洗礼，为的是保护我的独立……作为一个已登记的天主教徒，我是自由的，也是正常的。人们说"他以后将于他所愿意干的事"，那时人们认为，获得一种信仰要比失去它困难得多。

《*词语*》

　　很难解释清楚唯心主义无神论是怎么回事。当我说，"上帝并不存在"时，我好像是摆脱世界上的一种思想而把一种精神上的空闲、某种失败的思想放进我的整个思想框架之中。这样考虑的结果就是，这同大街、树、人们坐于其上的长凳没有什么直接的关系。这是一个巨大的综合性的思想，如果不直接影响世界就会完全消失。这样，同尼赞的谈话和我自己的思考逐渐给了我一些别的东西，一种关于世界的不同的观念，世界不是某种行将消失的东西，不是某种我可以见到上帝而与之保持联系的天国乐园，而是单独的实在。到处可以觉察到上帝是不存在的。事物是单独的，首先人是单独的。

《*永别的仪式·同让——保尔·萨特的谈话*》

……我就像一棵野草，在天主教的沃土上生长着，我的根须在吮吸着它的汁液，我又将此汁液转化为我的活力。由此导致了我那种清醒的盲目，它使我深受其苦，而且长达 30 年之久。1917 年的一天早晨，在拉罗舍尔，我正等着我的同学们一起去上学。可他们到时候还没有来，一会儿之后我便不知如何是好了，而我一时又想不出什么花样来打发时间，于是我决定想一想全能的上帝，但它却立即跌落到太空中消失了，甚至没有给我作任何解释。我大吃一惊，却又不失礼貌地想到，它并不存在。

《词语》

在道德领域我保留了关于上帝存在的一个东西，这就是把善和恶看成是绝对物。无神论的必然结论是删去善和恶。这是某种相对主义——例如，它把道德看成是按照它们在地球上看到的那个样子的可改变的存在。

《永别的仪式·同让——保尔·萨特的谈话》

这加强了我的自由，使它更加健全，现在这个自由不是为了让我可以给上帝他所要求于我的东西；他是为了发现我自己并给我自己我要求于自己的东西。这是根本的。我同他人的关系是直接的。它们不再以这个全能者为中介。为了去爱我周围的人我不需要上帝。人和人之间的关系是直接的；我完全不必同无限者打交道。我的行动构成了一个生命，我的生命，……这个生命跟上帝毫无关系，它是我希望的那个样子，而部分地是我无意中造成的样子。现在我回顾自己的一生时。我是满意的；我不需要把这归之于上帝。我只是需要把这归之于人，别的人和我自己。

《永别的仪式·同让——保尔·萨特的谈话》

在冲击型观念学者中的"反革命"怨恨他，因为他揭露了永恒价值、普遍道德的谎言，人的"本质"永远不变的谎言；而马克思主义的"革命者"看到他的追求并不考虑历史条件的人道主义而气愤不已。可是在这两个极端立场之间，小资产阶级群众却乐于接受他提出的非传统的、但在其中包含的道德观点的限度内令人放心的思想。这些男女们像他一样，刚刚发现"以最丑恶的形象出现的"历史。在努力调和这个新范畴与个人自救要求的同时，存在主义"允许他们承担他们的过渡状况而不放弃某种绝对，允许他们通过保持人的尊严去对抗恐怖与荒谬，允许他们保留独特性"。这样，它就似乎向他们提供了一个"梦寐以求的解决办法"。

《存在与自由》

我们要求的是以自由为目的的自由，是在各种特殊环境下均有的自由。我们在要求自由的时候，发现自由完全依赖于他人的自由。而他人的自由又依赖于我们的自由。当然，自由作为人的规定，是不依赖于他人的。但是，只要有牵涉存在，我就不得不在要求我自己的自由的时候，同时也要求他人有自由。我能把自由作为我的目标，这也只有在把他人的自由也作为一个目标的条件下才是可能的。

《人道主义、人性论研究资料》

如果我在客体意义上把他人的自由作为目的，那我便侵犯了他人的自由。如果我以自己的自由作为目的，那么这必然要把所有别人的自由都作为自由来要求。在我选择我的自由时，我也要求他人的自由，然而当我进入行动领域时，我就不得不把他人作为手段而不是目的。显然，我们在此遇到了一个二律背反，但正是这个二律背反构成了道德问题。

《对尸夫奇来说，地球不转了》

或者道德是句无聊的空话，或者它就是集善与恶于一身的具体总体。因为没有恶的善是巴门尼德的存在，也就是死亡；而没有善的恶则是纯粹的非存在。回收否定的自由，并将之与绝对的自由或通常所谓的自由一体化，这和主观的综合一样是与这种客观的综合一致的。我希望

读者能够理解，这丝毫不是尼采那种善与恶的"彼岸"，而毋宁说是黑格尔的"扬弃"。这两个概念的抽象分裂仅仅表明了人的异化。无论如何这种综合在历史境遇中是难以实现的。所以，今天一切不愿明确承认自己是不可能的道德无一不在骗人，使人更加异化。道德对我们来说既是不可避免的，又是不可能的，"道德问题"即由此而产生。而行动则必须在这种难以超越的不可能性的条件下赋予自身以伦理的规范。应该从这个观点来考察诸如暴力问题或目的与手段的关系问题。对于经受着这种分裂，并不得不有所要求，又有所决定的意识来说，一切漂亮的反抗，一切拒绝的呼喊，一切符合道德的义愤全都显得是陈旧的夸夸其谈。

《词语》

我同比我年长者有过接触，但非常少。我同年长者是有一些关系。我对他们的态度是深藏不露而注意听他们的；他们对我说一些他们认为很适当的话。我们彼此十分客气但实际上等于什么都没有说。我不认为这些人年龄较大就一定比我聪明。确切地说他们跟我差不多，我们都说了一些似乎是不得不说的话……我不喜欢他们，我完全不喜欢他们。……

《永别的仪式·同让——保尔·萨特的谈话》

有一天，我在塞纳河畔的书摊上发现了我还没有的几本"野牛比尔"，母亲正准备付钱，一个男人走了过来，他长得肥头大耳，脸色苍白，两只煤炭似的眼睛，油光光的小胡子，头戴一顶扁平的窄边草帽，正是当时那些漂亮的小伙子所喜欢装扮的尊容。他两眼紧盯着母亲，可他的话却是冲我说的，"人们太宠爱你了，孩子，太宠爱你了！"他急切地重复着。起先，我只感到他冒犯了我，因为人们一般是不会这么快就以"你"来称呼我的，但我很快就发现了他那疯狂的眼神。安娜——玛丽和我就像一个孤身女子一样害怕得连连后退，那位先生不知所措地走开了。我忘记了无数张脸孔，可这张猪油渣似的面孔我至今仍记忆犹新。我对肉欲方面的事一无所知,我想象不出这个男人要我们干什么,但其欲望是如此明显以至我似乎有所理解,或者说一切都在我面前显示出来了。我通过安娜——玛丽感觉到了这种欲望,我在她身上学会了如何嗅出男人的气味,学会惧怕他、憎恨他。……即使在今天,每当我看到某个神情庄严的男孩正严肃而又亲切地在和他的孩子们的母亲谈话时,我总抑制不住内心的快活。我喜欢这种原始的温情,它只是在远离男人,并与他们作对时才会产生。我会长久地注视这一对对充满稚气的母子俩,可我突然想到我已变成了一个男人,于是我便扭过头去。

《词语》

　　他们许多人——不是现在我的这些最好的朋友——都表示信任我。他们把多少是属于个人隐秘的东西告诉我;这使人非常厌烦。我忍受了,我没有法子,我可以影响他们,是一个知道他们秘密的人,但我不喜欢这个。……因为这使关系改变了;关系变得不同了。我被抓住了,我不得不给人忠告。别人信赖你、喜欢你,对你这个人有一种尊重。最后我变成了我不希望成为的人,变成了同自己的门徒在一起的大师,我不喜欢这种信任。我不想得到信任。这种信任产生时我不拒绝它,但我不会去寻求它……我得到了许多信任……我觉得这是没道理的……这让我们处在不平等的地位,而毕竟没有任何一个人可以给别人忠告。……因为缺乏各种因素——顺便说一下,别的人也缺乏这些因素。他说了一些事情,而你必须通过这些事情去理解他的真正状况之所在:因为忠告应该符合这种状况。……但我愿意给人们一点点推动力,这在事实上让我成了忠告者。这并不矛盾。事情本来就是这样,同他人的关系——这是一个奇特的混合物。从根本上说,我总是处在同他人的关系之中,但这是一种抽象的关系。我生活在他人的意识之下,他注视着我。而这个意识完全可以像上帝一样,正像博斯特说的。这是一个跟我自己不同的存在。不同于构成我和看到我的存在。我认为它就是这样。

《永别的仪式·同让——保尔·萨特的谈话》

一开始，关系不错。……有一两年情况很好。他挺逗人乐的，非常粗鲁，但常常是很逗人乐的。他很深入地参加了抵抗运动，主编《战斗报》。我们看到他的迷人之处是他的阿尔及利亚人的特点。他有一种类似法国南方的口音。他有一些西班牙朋友，他同西班牙人和阿尔及利亚人交往甚密。……（我们的交往）在某种程度上缺乏亲密关系。在谈话中并不缺乏这种关系，但不是很深。人们会有这种感觉：如果我们谈及某些东西，我们就会发生冲突，但我们都不涉及它们。我们很喜欢加缪，但我们知道我们同他不会走得太远。……我们同他有一种真正的友谊，但这是一种表面的友谊。人们以为称我们三人（萨特、波伏瓦、加缪）为存在主义者会让我们高兴，但这反而惹恼了加缪。实际上他同存在主义毫无共同之处。

《永别的仪式·同让——保尔·萨特的谈话》

当这位妇女由于个人原因同他破裂时，他在某种程度上把这迁怒于我。事实上，这是一个很复杂的故事。他同卡莎雷斯有一个恋爱事件，后来又同她争吵起来。他突然中断了这个关系，而他私下对我们谈到这个破裂。我记得那是晚上，我同他坐在一个酒吧里，这是我们常去酒吧的时间；就只我同他在一起。他又刚刚同卡莎雷斯吹了，他手中握着她的信，他把这些旧信给我看，说道，"好，就是这个！那时我又找到它们，我又能够去读它们……"但政治让我们分了手。……在我们关系好的时候总是这样。甚至我们在政治上的不同并不怎么影响我们的私人交谈。

《永别的仪式·同让——保尔·萨特的谈话》

没有真正感到难受。那时候我们见面的次数已经少得多了，最后几年里，我们每次见面他都要骂我一顿：我做了这件事，我做了那件事，我写了几句他不喜欢的话，总之他把我臭骂一通。还没有到决裂的地步，不过已经不那么愉快了。加缪变得很厉害。一开始他还不知道自己是个大作家，他是个活宝，我们在一块儿很开心：他讲话不避粗野的字眼，我也和他一样，我们讲了许多关于女人的下流话，他妻子和西蒙娜·德·波伏瓦听了装出大为反感的样子。两三年间，我与他的关系真的很好。我们在知识领域不能谈得很深，因为他容易受惊；实际上他有一面是阿尔及尔的小流氓，很无赖，很逗乐。他可能是我最后一个好朋友。

《七十岁自画像》

较之于男人，我更喜欢与女性相处。一般说来，我感到男人们很讨厌，他们具有专门化的感受能力，他们谈的是交易。而女性却具有某些来自她们的境况，即来自她们那既是奴隶又是同谋的实际境况的优点……

《花花公子》

爱情就是争取爱情的斗争，各人有自己的衡量尺度。在《存在与虚无》中所描写的这个地狱里，爱情只是被爱的渴望，也就是使自己处于某种良心的保护之下。但我从来没有机会描写正面的爱情，除了《圣·热内》以外，我在其中解释说，爱情决不是死亡的行为，而相反，是生命的行为，爱情就是接受整个人——包括他的五脏六腑。

《存在与自由》

当然每个人在这种关系中都要担当某种角色，我的角色是较为活跃和理智的；女人的角色主要是在感情的水平上的。这是一种很普通的恋爱状况，而我并不认为有感情的一方就比理性实践和体验的一方要低一些，这只是不同性情的问题。并不是说女人不可能像男人那样来体验理性，也不是说一个女人不可能成为一个工程师或哲学家。这只是说多数时间一个女人是有着感情的价值而有时是性的价值；我就是这样看的，我觉得同一个女人有关系就是在某种程度上占有她的感情。力求使她感受到这一点，深深地感受到这一点，占有她的感情——这就是我要自己做的事情。……她们由于感受到成了属于我的某个东西而不得不爱我。

当一个女人把她自己给我时，我在她脸上、在她的表情中看到这种感受；而在她脸上看到了它就等于占有了她。……我认为一个人具有一种感受性，随着年龄的增长这种感受变得越来越抽象、综合和有较多的疑惑，于是它就转变为一个男人的理性，一种对体验性难题有影响的理解力。

《永别的仪式·同让——保尔·萨特的谈话》

每个人都有得到的印象——也就是我称为活动的印象，大巨人的活动——和被得到的印象，例如你抚摸一个肩膀，一个裸露的肩膀时，你完成了一个活动。对我说来，值得注意的总是活动的方面，也就是说，我的手这样做时当然还有肉体感，但这是我使它产生的肉体感。我使我的手经过这腋下，经过手臂、大腿而产生这种感觉。我注意的是这活动以及我感觉到的对方身体的外在客观的活动。有人会说，主要的方面应该是抚摸的手的活动感觉，但我很少感受这种相互性——另一个人也可能感受到我的身体的快乐。例如，当另一个人搂着我时，我们身子对着身子，肚子对着肚子，胸部对着胸部，我意识到自己自由地占有另一个人的肉体，但没有另一个人占有我的身体的意识。……也从没有作为爱抚的对象。这样必定会在实质上改变两个人的关系，对方对我的关系中，得到和给予之间可能有一个裂口，因为这个裂口就在我身上。

《永别的仪式·同让——保尔·萨特的谈话》

美完全是虚幻的，因为不言而喻，任何女人都不美。有一些女人很漂亮，但不存在美的女人。因为美是一种想象物。"美丽的"女人，是指走向舞台的女人或出现在屏幕上的女人。在现实中，她从来不是这个样，她要生动得多。比如说我不会说我觉得非常迷人的布里吉特·芭尔朵是美的。我对美的态度之所以严厉，因为在我看来，它构成女人的异化，构成她的不幸。"应该永远是最美的"与"最美的是不存在的"，这两句话完全是一个意思。……

《存在与自由》

……美、迷人，等等——这些都没有理性的价值。你也可以说它们是理性的，因为你可以对它们作出一种解释，一种理性的解释。但你爱一个人的魅力时，你是爱某种无理性的东西，即使思想和概念可以在相当程度上解释魅力。

《永别的仪式·同让——保尔·萨特的谈话》

"在床上，抚摸她和亲吻她，这已给了我充分的愉快，这就够了，我本不需要性交活动。"

《永别的仪式·同让——保尔·萨特的谈话》

"在一个性活动中……每个人都既有得到又被别人得到"。

《永别的仪式·同让——保尔·萨特的谈话》

文学与艺术

艺术·艺术家

油画进入了衰退期。在佛罗伦萨，危机是一目了然的；威尼斯却如往常一样，是平静的，或者说是一派假象。但我们确切地知道，里埃脱人的真正的灵感之源已经枯竭了。15 世纪末，安东涅洛·达·墨西拿①的去世深深地影响了这座城市。他的死标志着一个转折点，此后的画家大都是进口货。我的意思不是说他们都来自远方，我是说一些最有名望的画家都来自大陆地区：乔尔乔内②来自卡斯特夫朗科（Castelfranco），提香来自卡多莱（Cadore），保罗·卡利亚里和波里发索·德·彼特提③来自维罗纳，帕尔马·委齐奥④来自萨里那尔塔（Sarinalta），吉罗拉莫·委齐奥⑤和帕里斯·鲍杜纳⑥来自特里威索（Treviso），安德烈·斯切翁尼来自萨拉（Zara），其余还有诸人。事实上，这个贵族共和

---

① 安东涅洛·达·墨西拿（Antonello da Messina，1430～1479），意大利著名画家。

② 乔尔乔内（Ciorgione），系著名画家乔尔乔·巴巴列里（GiorgioBarbarelli，1477～1510）的名号，他被称为威尼斯画派的第一人。

③ 波里发索·德·彼特提（Palma Vecchio，1480～1533），威尼斯名画家。

④ 帕尔马·委齐奥（Palma Vecchio，1480～1528），威尼斯画家。

⑤ 吉罗拉莫·委齐奥（Girolamo Vecchio），生平不详。

⑥ 帕里斯·鲍杜纳（Pails Bordone，1500～1571），威尼斯画家。

萨特哲思录

国最初是专家治政，它始终有胆量从他乡异地网罗专门人材，并且聪明绝顶地将他们视为自己的人材。还有，此时正是威尼斯共和国在海上受到阻拦，陆地上又被某些联盟威胁，于是转而注意穷乡僻壤，借掠夺以维护其势力的时候，从被吞并的地区迁移来了许多居民。通过大规模地引入艺术家这一举动，威尼斯暴露出了某些饥渴。当我们回想起 15 世纪的艺术家们大都出生在本城或穆拉洛（Murano），我们便不能不表示这样一种观念：在维瓦里尼①和贝里尼②家族消失以后，在卡巴乔③去世以后，若不注入新鲜血液，几代艺术家活力的复苏似乎不大可能。

《里埃脱岛的清教徒》

于是，斯切翁尼（或者鲍杜纳，或者波里发索·德·彼特提——他们都一样）将会在雅可布将师傅看做外来人或劫掠者时也把他视为入侵者。这位小染匠是本地人，威尼斯就是他的天生权利。如果他是一个平庸的画匠，那他可能保留谦逊和不满；但他才华卓越，而且他对此深有自知，所以他不愿意屈居任何人之后。在里埃脱人眼中，外乡人除其职业价值外无一有必要予以保护之处。如果雅可布作为画家胜过了他们，那他们就将退隐，仿佛这意味着他们被谋杀了似的。

《里埃脱岛的清教徒》

雅可布的雄心则始终如一。它因为有狠心刻毒和各种各样的外表形态做基础，又吸收了一些细小的手法，所以它还是有可能实现的。或者更确切地说，一切都不具有现实性，可见的只有手段和目的，这才是永远要做的事。人能够超出这萦绕在地面的浓雾，去寻求那永恒

---

① 维瓦里尼（Vivarini）兄弟是 15 世纪威尼斯著名画家。

② 贝里尼（Bellini）父子三人都是威尼斯名画家，父亲是雅可布·贝里尼（Jacopo Bellini，1400～1470），长子詹蒂莱·贝里尼（Gentile Bellini，1429～1507），次子乔凡尼·贝里尼（Giovanni Bellini，1430～1516）。

③ 威脱里·卡巴乔（Vittore Carpaccio，约1465～约1526），威尼斯著名画滚。

不变的、光辉灿烂的、至高无上的一层薄膜。在那至高无上处，存在着一个彼岸的天顶，它是一层愈来愈清晰可见、愈来愈精美绝伦的薄膜，也许，它就是那天空的蓝色。然而，这一切对丁托列托来说并不重要，每个人都有着自己翱翔的天空和活动的地域。丁托列托了解自己的才华；他也知道才华是他的资本。他把这才华投入实践之中，利用它们来获得一笔可观的收入以供养自己。于是我们看到，他长期地振作起全部精神，打算把这条矿脉一直开采到它的矿藏和它的主人一齐衰竭的限度为止。大约在同一时期，另外一位着迷于创作的人米开朗基罗，也承接了一些订件，但他在苦楚烦恼之中抛弃了它们，让它们以未完成的形态存留下来。而丁托列托则总是以一个男人致力于实现他的愿望时的那种可怕的专心来完成其工作。甚而至于在圣·乔治教堂里，死亡就站在他的身旁，他还要对自己的作品进行最后的润色，或者至少对他的帮工们给予最后的指导。在他的一生中，他从不听任自己放肆、冷漠、偏爱，抑或是沉迷于甜蜜的梦想。在精疲力竭之时，他会反复以这样一个原则告诫自己："回绝一幅订件就是将它移交给我的那些同行。"

《里埃脱岛的清教徒》

油画像其他技艺一样，贵族们保护着它，以便于优秀的艺人们的迁入——这样证明那可以称他们的世界一体的沙文主义的东西——以及促使这个总督的共和国进入民族交融的境界。在疑虑重重和嫉贤妒能的贵族的眼中，异邦人成了最优秀的威尼斯公民；威尼斯对他们的接纳是气量恢弘的明证，犹如幽居独处是个性软弱的标志一样。

《里埃脱岛的清教徒》

本地的艺人们决不会用同样的方式对待新来者。何以如此呢？因为对于他们而言，新来者代表了来自外国的竞争。世故圆滑的他们并未喊冤叫屈，他们忍受着，仿佛一切如常，全无变化；但是，尖锐激烈的冲突、难以避免的紧张、攻击和因荣誉受损而发动的反攻等，都明显地存在着。

《里埃脱岛的清教徒》

在野蛮人入侵的高潮中，该世纪最伟大的画家出生在这座被侵占的城市的中心——里埃脱岛上的一条小巷里。由于长期受人鄙视和冷嘲以及长期处于期待之中，一种平民的忧郁性的自傲得以浸透了这位天资尚存的孤独的里埃脱人的心灵，使这颗心坚强起来，炽热起来。我们想，他既不是直接出身于工人阶级也不是直接出身于资产阶级。他的父亲是一个有所成就的艺人，小资产阶级的一员，因无须出卖劳力而颇感自豪。作为一个劳动者的儿子，雅可布也许还是一个艺术家的潜在的合作者；作为一个自食其力的工匠的儿子，他无论如何也必须成为一名老板，否则就意味着他的失败。他想要超越社会等级，但又被阶级和家庭地位阻拦着道路。他在他作为学徒工作过的画坊里没有留下好的印象，这是可以理解的，因为他进这画坊的目的在于一有向上流社会中留给他的那块地盘进发的机会便离开这画坊。

《里埃脱岛的清教徒》

他不惜任何代价进行创作。个人的抱负与城市的愿望在这里协调一致了。一百年前，多纳泰罗①曾因为将创造力奉献给实验而对绘画艺术缺乏持之以恒的热情而责骂过乌切诺②，但那是在佛罗伦萨，佛罗伦萨的艺术家们刚刚开始探索性地使用透视法，靠着运用被画物体的几何光学的规律，他们竭力创造出一种新的立体空间。

《里埃脱岛的清教徒》

而在另一时代另一风俗下的威尼斯，在提香的领导下，人们普遍认

---

① 多纳泰罗（Donatello，亦作 Donato，1386~1466），意大利雕塑家。
② 保罗·乌切诺（Paolo Uccello，1397~1475），最早展示出崇高感的构图和推动了文艺复兴的超人的出现。他在晚年对直线透视的刻苦钻研一般被认为表现了一种对哥特式传统的荒唐的回归。他是文艺复兴时佛罗伦萨的画家、金银工艺匠。

为油画已经达到了完美的顶峰，进一步的发展是不可能的：艺术渐趋死亡，而生命则万古长青。那种重要的原始风尚开始于阿雷提诺的愚蠢的发言："这是何等的真实！何等酷似于生活！你几乎不能相信这是画出来的！"简而言之，对油画来说，这是一个面临着成功而又趋向衰退的时代，富有灵感的商人们想要美的和适用的东西。一件艺术品应该得到艺术爱好者的欢喜，应该以共和国的壮观使欧洲心醉神迷，应该使人民心怀敬意。直至今日，在观看威尼斯人这部宽银幕影片时，面对着有关提香的某桩真情，有关保罗·卡利亚里的某件作品，有关波尔登纳的某种品行，有关维森提奥恩①的某次表演，面对这种种传闻，我们这些渺小的观光者仍然身处敬意之中。

《里埃脱岛的清教徒》

雅可布·罗布斯蒂抱有他的时代的偏见，这一点我们的专家们曾强调指出过。我曾多次听到他们说"丁托列托，呸！简直跟电影界无二！"无论在他之前还是在他之后，世界上再也没有另外一个人能够像他那样激发起研究者的热情。

《里埃脱岛的清教徒》

由于有了提香，油画登上了繁荣的顶峰，同时又开始趋向死亡，它成了自身完美的牺牲品。雅可布在油画的死去中看出了它的复苏的必需条件：各个方面都要有一个全新的开端，一切都该结束了——我们还要重提这个话题的。但是——此乃主要矛盾——他从来不让他的试验束缚住他的创造能力。只要威尼斯还存在空白的墙壁，画家的任务就将是继续涂饰它；道德规范禁止把画坊变成实验室。作为一个整体的艺术是一项严肃的职业，是一场反对入侵者的殊死搏斗。

《里埃脱岛的清教徒》

---

① 维森提奥恩（Vecention），生平不详。

萨特哲思录

他仍然需要争取订货。我们已经看到了他的成功。但是让我们再来考察一下他的行动，这些行动将以一种新的形式表现出来。丁托列托的离经叛道引起了各种各样的反应。由于与这个民族融合的国家的政治情况背道而驰，他不得不违背共同的规则和惯例。无法消除对抗而又深知其好处的官方尽力通过竞赛加以引导。如果权贵和富翁们的趣味有着一种决定性意义的话，那么他们将以有组织的竞赛来施行温和的保护主义，借以维持共同的规则。

《里埃脱岛的清教徒》

与提香相似，与委罗内塞也相似，雅可布创造出一些精美的尸体。差别在于：他的那些尸体为狂热所折磨，一开始我们并不知道这是生命的完结还是腐烂的开端。如果强要拿他与电影制片业作一比较的话，那么他在下面这一方面与那些拍电影的人倒有几分相似：他接受这些愚蠢的电影剧本，但又将自己的一种迷狂充塞其中。他必须愚弄买者，必须为促使他们掏钱而付出一点什么。买者将得到他的凯瑟琳、他的特勒撒、他的塞巴斯蒂安①如果他的妻子兄弟有宽敞的住房的话，他本人也会为同样的画付出同样的价钱。但是在这一切之下，在成功的华丽而俗气的外表的后面，他致力于推进他的试验。他的每一幅伟大的作品都包含着双重的意义，严格的功利主义掩盖着永无止境的追求。与他对已付款的订件的结构研究相适应，他被迫对油画进行革新，甚至在影响了委托订件的时候。这正是他过度活跃的内部动因，也正是他后来沉沦的原由。

《里埃脱岛的清教徒》

艺术家的地位是极不稳定的，尤其是在威尼斯。但这恰恰给了我们

---

① 凯瑟琳（Catherine）、特勒撒（Theresa）、塞巴斯蒂安（Sebastian），这三个人都是早期的著名的基督教徒，文艺复兴时期的艺术家们几乎都以他们的事迹为题材作过画。

一些好处，正是这种不稳定使我们很容易理解雅可布的清教徒主义热忱。

《里埃脱岛的清教徒》

我们读到："文艺复兴要归因于艺术家身上的那种古风犹存的品质和他们的那种在中世纪被人们用以颂扬圣徒的德行。"这并非虚饰，但对我来说，相反的意见至少同样真实有据："（在16世纪）油画和雕刻仍然被看做手工技艺；全部荣誉都给予了诗歌。这一切说明了那种力图将造型艺术置于与文学相同地位上的尝试的原因。①"我们知道，阿雷提诺，这位贫穷的石油大王和富有的背时鬼，对于威尼斯上流社会中的势利小人来说，他竟然是优美与典雅的判官，哪怕像提香那样的艺术家，以他的全部名声，加上他的来自友情的荣誉，都还不足以与这位诗人平分秋色。而米开朗基罗呢？他犯了一个设想自己出身高贵的错误，这个幻想毁灭了他的生活。作为一个年轻人，他抱定一种被夺去了剑的贵人应当拿起笔来而不是让自己堕落的信念，他想要钻研古典文学，想要写作。而当他被迫操起了雕刻刀以后，便再也无法使自己平静下来了。在自视为耻辱的工作台上，他轻视雕刻和油画，因为他感到他能做的比他正在做的要高贵，于是他嘲弄这些空虚无聊的雕虫小技。他寻求为这些被迫保持沉默的无声艺术提供一种语言，以增加其寓意和象征。他写出了一部关于西斯廷教堂天顶的书②，他折磨着大理石，强迫它们发出声音。

《里埃脱岛的清教徒》

文艺复兴时期的画家是英雄，是神，还是手工劳动者，任何东西都

---

① 见载于 L'Epoca（1957年8月25日）上的一篇有关米开朗基罗的出色文章。

② 1512年，米开朗基罗接受教皇朱理二世的正式订件，为西斯廷小教堂创作天顶画《创世纪》这一部面积巨大的组画，此画历时四年完成，是米开朗基罗的代表作之一。

萨特哲思录

是相对的，得根据顾客和付款的方式而定。或者更正确地说，画家们最初都是手工劳动者。他们有可能变成宫廷的雇佣，也有可能成为当地的老板。当然，他们的选择——或者说被选择——总是指向上层的。拉斐尔和米开朗基罗都在宫廷供职。虽堂而皇之但并无独立意志，如果因一个微不足道的原因而失宠了，他们就将被抛弃在街头。反之，则有君王担保着他们的名声。这位神圣的人与作为他那超自然力量之一部分的特权集团是协调一致的，他的君王的光芒就像太阳的光芒一样降落在他们身上，通过他们反射到人民的身上。君王的天赐权利给了画家以天赐的权利。结果是：涂油彩的家伙们变成了超人。这些普通人被大人物们从小资产阶级堆里抓走，悬挂在上天和大地之间，这是些什么人呢？这些靠借来的光辉闪闪发亮的人造卫星是些什么人呢？他们是那种超凡脱俗的高等生物吗？是的，他们是英雄——是代理主教，是神与人的中介。时至今日，仍然有某些怀旧的共和主义者，在他们的身上，在天才的名声下，表现出对君主政体下的那些逝去了的明星的崇高敬意。

《里埃脱岛的清教徒》

丁托列托属于另一类人。他为商人、为官员、为教区教堂工作。丁托列托并不是没受过教育。他七岁入学，大概 12 岁时，在他掌握了写字算账之后，便结束了学业。更为重要的是，我们应当坚信地把教育分作对如下几种耐力的长期不懈的培养：感觉能力、手工技艺和思维能力，以及在 1530 年左右仍然与作坊绘画密切相关的那种传统经验主义。但是他永远不会获得宫廷画家的那种风采。米开朗基罗写过十四行诗，拉斐尔被认为精通拉丁文，提香本人通过与知识界的密切往来而形成了文雅的气度。比起这些人来，丁托列托好像一个笨伯，他素来没有玩弄观念和词章的愿望或兴趣。他嘲弄骚人墨客的人文主义。威尼斯几乎没有诗人，更罕见哲学家，但在他看来，诗人和哲学家虽大有人在，与他也毫无关系。

《里埃脱岛的清教徒》

除祈祷书外，丁托列托从未翻开过书本，他不会蠢到强逼自己的才能去与文学一争高低的地步。他的油画作品融合了各种事物，只是没有融含寓意，它们跟大千世界一样是无声的。这位手艺人的儿子所真正敬重的一切，就是身体力行，亲手创造。油画这个职业中使他着迷的因素在于，在这一行业里，技能占有魔术般的地位，作品的精美决定一切；艺术家是最伟大的劳动者。为创造和出售那些幻象，他耗尽了自己和原料。

《里埃脱岛的清教徒》

　　假如他喜欢贵族们的话，那无论什么都无法阻止他为他们做事。问题的关键在于他不喜欢他们。他们恐吓他而不是鼓励他。他也从未努力去接近他们或者了解他们。他极力将自己的名声限制在威尼斯的城墙之内。在整个一生中，他只离开过威尼斯一次，那时他已是 60 多岁的人了，他去了一趟曼图亚（Mantua）。甚至这一次也是被人乞求去的。他的委托人要求他将手头的工作暂时搁置下来，而他又不愿离开他的妻子。这一点提供了有关他们夫妻感情的证据，很可能还表明了他对旅行的恐惧。如果有人认为他的威尼斯同行们也染上了这种恐惧那就错了，因为他们的足迹遍及几乎所有的道路。一个世纪以前，詹蒂莱·贝里尼进行过海上航行，好一个冒险家！但雅可布是一只鼹鼠，呆在他的窝里才觉得心情舒畅。无论任何时候，只要他一设想外部世界，他就要被恐惧紧紧抓住。如果要他作出某种选择的话，那他宁愿让皮肉冒险也不愿意他的油画去冒险。他接受过国外的预订件，照他看来，帕多瓦（Padua）以外都是异邦——但并不是他主动去争取的。这里的冷漠态度与他在总督府里、在圣马可会、在那位执十字架者的家中的狂暴行为形成何等鲜明的对照！他把国外委托项目的制作工作交给他的帮手们去做，他站在远处审视他们的一幅幅产品，留神不去横加干涉，好像生怕让自己的才华的细小的光斑跑到异乡去冒险一样——欧洲的商人只能得到他的二流作品。在佛罗伦萨的乌弗齐（Uffizi）美术馆，在马德里的普拉多（Prado）美术馆，在伦敦国家美术馆，在卢浮宫，在慕尼黑,在维也纳,我们曾看到了拉斐尔、提香及其他上百个艺术家的作品。所有的画家,或者说差不多每一个画家都出现了,仅丁托列托除外。他狂热地为本城市民们守护他的作品,了解有关他的情况的惟一办法就是在他的出生城市里搜寻,这里显而易见的原因乃是他完全不想离开威尼斯。

《里埃脱岛的清教徒》

丁托列托没有梦想,从未有过。如果说树立志向抱负取决于社会进展状况的时机的话,那么,在威尼斯,大多数有野心的普通人都是小资产阶级成员,因为他们有机会爬到他们自己的阶级之上去。但是,这位画家很清楚自己与委托人之间的牢固关系。他必须去适应他们对待作品的态度,适应他们的道德观念和他们的常识。他喜欢他们的怀旧情绪,尤其是他自己也怀有他们的那种对自由的深切向往。只要有创作,有购买和销售,则他们就全都需要自由。某种东西启发了他的机会主义,他需要一种形成于上流社会的风气。动荡不安的气氛、隐约难辨的上升为他开启了一个崇高的远景,他像一个气球,生就一副积极向上的天性,充满着新鲜的空气,因为自童年以来他就形成了资产阶级的观念。但他所出生的这个阶级的内部矛盾压抑了他的野心。作为一个小商贩,他总是指望自己能够超过原有的水平;作为一个劳动者,他又自称用自己的双手工作。这一切就足以确定他的地位了。

《里埃脱岛的清教徒》

米开朗基罗对为教皇工作持保留态度,有时,受辱使他想到了退缩,因为这位所谓的贵人是轻视艺术的。丁托列托恰恰相反,他战胜了自我,没有艺术,他还能干什么呢?一个染匠而已。艺术是一种使他借以超越自己的出身的力量,这使他高贵的东西正是维系他生存的东西。他必须工作,要不就会落回到那口深井底下去。从艺术领域中撤退吗?抛弃它吗?为什么呢?他没有时间对油画提出这些问题。谁知道他是否对绘画抱有另外一种观念?米开朗基罗想得太多,他是一个绅士、一个

知识分子。丁托列托不会沉思冥想——他只顾埋头作画。

《里埃脱岛的清教徒》

那些小油画贩子是没有这种神奇英雄的品行的。由于小小的运气，丁托列托变得为人所知，小有名气了，但是，他永远不会光芒四射，他的那些世俗追随者们缺乏为他加冠封位的权力。当然，他的威严可敬的同行们为整个行业增添了光彩，他也多多少少地闪了一点光。他觊觎着他们的荣誉吗？也许是的。但是他不具备获得荣誉的必需条件，他拒绝赞美王公贵族，因为这将使他变成奴仆。雅可布·罗布斯蒂对于做一个小头领，做一个出售按预订加工的精美艺术品的小贩，做一个拥有自己画坊的老板，感到十分光荣。他未曾估计到生产者的经济依赖性和艺术家的自由之间的差别。他的行为表明，他有一个秘密的愿望：扭转市场规律，用货物供给来创造需要。他是否曾经坚韧不拔地在圣马可兄弟会中创造出一种需要呢？这是一种惟有他一个人能予以满足的对艺术品——某种特定的艺术品——的需要。在他为一些协会——同业会、教区居民——工作时，在这些大型团体以多数票表决方式作出决议时，他在很高程度上保持着自己的独立性。

《里埃脱岛的清教徒》

这个共和国失去了海上霸主的地位。贵族逐渐退隐，他们日甚一日地衰弱下去，贵族中的穷人越来越多，其他的人也失去了进取精神。大商人的后代们购买了土地，依赖进款生活。普通的"市民们"很快地在一些职务上接替了贵族，航船最终也被置于资产阶级出身的人的控制之下。但资产阶级因为有一种把自己看做上升发展者的幻觉，所以对眼前的一切尚无准备。这一个阶级甚至相信被打败了的贵族在某一天还会卷土重来。我们完全可以说，一种朦胧的焦虑控制了它，使它无法忍受周围的环境，屈从这环境就更为困难了。

《里埃脱岛的清教徒》

假贵族米开朗基罗和农民的儿子提香都直接感受到了君主政体的诱惑力。丁托列托的世袭财产则是手艺人和劳动者的独立性。工艺匠人是个两栖动物：作为手工劳动者，他为自己的技艺而骄傲；作为小资产阶级的一员，他又被有统治权的资产阶级所吸引。因为要鼓励竞争，占有统治地位的资产阶级允许一股新鲜空气在令人窒息的保护主义中流通。在那个时代里，威尼斯即将出现一个资产阶级的前景。但这仅是一丝微光，因为贵族早就采取了预防措施。在他们的等级社会中，富人是发奋努力形成的，贵族则是天生既定的。但是，富有者头上却被加上了种种限制；商人和实业家不仅被束缚在他们自己的社会等级内，而且还不许他们进入获利最大的职业；国家将 appalto① 特许权（航运特许权）限制在贵族中间。可悲！沉溺于美梦的布尔乔亚！在欧洲其他任何地方。资产阶级都在拼命摆脱他们的过去，购买封号和城堡。在威尼斯，他们在所有的方面都受到排斥，甚至于在那种恭顺谦卑的悔罪祷告方面。因此他们的悔罪祷告竟诉诸了想象的形式。最初来自皮亚琴察（Piacenza）的乔维塔·丰塔纳（Giovita Fontana）迁进了这商人的世界，他积累大量黄金，将其用于在主运河边建筑一座宫殿。全部生存状态可以用一句简单的话来作一个总结：贪婪的愿望得到了满足，它最终又转变成了梦境中的显赫，一个商人死去了，作为一个想象中的贵族他又再生了。富有的平民在束缚下舞蹈，隐藏起他们夜间的幻想；结成团体的他们在慈善事业中尽了最大的努力，在他们那可悲的简朴和没有幻想的贵族那可悲的狂欢之间形成了鲜明的对照。

《里埃脱岛的清教徒》

在 16 世纪的意大利，宗教信仰仍然深埋在艺术家的心底，同他们手头上和眼光中的无神论作对。在希图稳固地把握神性的尝试中，他们精通了这样一种技艺，这种技艺能够把为他们所憎恶的相对主义强加给他们。这些迷幻而虔诚的教徒既无法向前迈进又不愿掉头退却。

---

① 意大利文，意为承包、包工。

如果上帝再也不来观赏他们所描画的形象了，那谁又来接替他呢？他们的图画反映的仅仅是人类的缺陷，谁来认可他们呢？如果绘画的目的仅仅是测定我们是否近视，那它连一小时的劳作都不值。把人展现给那准予人从泥土中活过来的上帝观看，这乃是一个感恩的举动，是一次献祭。但为什么不把人展现给人看呢？为什么不按人之本来面目表现人呢？一些出生在该世纪末，即 1480 年左右的艺术家——提香、乔尔乔内、拉斐尔——仍然奉献给天国以大量的赞美之词。越到后来越多。可见，在手段的丰富和有效之下，仍然隐藏着目的的可悲的模糊。进而，我们可以推想，拉斐尔对这模糊的目的有了一些预感，他嘲弄人世，跟女人一起痛饮狂欢，他出售彩印画，把自己的快乐建立在别人的苦恼之上，而且用这快乐来鼓励他的帮工们生产图版。假装出的善行意味着自杀。总之，随着那非凡的神性的消失，油画的宁静安详也一去不复返了。

《走投无路的人》

在 16 世纪的第二个四分之一世纪的那些年代里，油画几乎是无所不能的了，达到了完美的境界。当时的人们怀有一种表现伟大的"真实"的异教趣味，这里面透露出躁动不安的精神。公众们要求画家以现实主义的描绘掩去他的主观性，要求他在生活面前抹去自我，消弭掉他个人生活的所有痕迹。理想的绘画应该使与它不期而遇的人惊讶不已，仿佛在密林深处看见一些人形从画布上跳出来，画框被挣破，碎片四处飞迸，在过路人眼前飞来飘去。绘画的对象应当包含可见的事物，或者干脆就等同于这些事物，它应当不断地刺激感官，尤其是触觉，并以此转移人们的注意力。运用任何一种技巧都应当达到这样的目的，即让观众的进入画面取代艺术表现，以便激发人们的恐惧感和苦闷感，让这恐惧和苦闷打破他们的幻景。

《走投无路的人》

艺术一旦不能引起人们的一片赞扬之声，那它就只好隐藏起来，羞于见人。

《走投无路的人》

写实业已过时，创造又为时尚早，因而，画家们处在痛苦之中。某种事物即将诞生：一个新的魔鬼——天才，这种不可捉摸的东西，它表现为一种愚蠢的愿望，想要冲破世界的黑暗，从外部来凝视这黑暗，它还要在墙壁和画布上对这黑暗进行筛选，提炼出那未知的光亮。天才——在欧洲大陆这还是一个新字眼，它是相对与绝对、有限的外观与无限的虚无之间的矛盾冲突。这些画家清楚地知道自己不可能离开世界，还清楚地知道，即使他能离开这世界，无论在任何地方，他都要忍受那虚无刺穿身体的苦痛。他并没有得到创造另外一种立体空间的权利，因此他也就不可能超越透视法。

《走投无路的人》

历史上第一位在国家、教会和社会趣味的限定下受到束缚、监视和控制的艺术家将会清楚地意识到自己的孤独，尽管他也许会得到比从前更多的崇拜者和更高的荣誉。

《走投无路的人》

天才是不存在的，它是虚无的一种恶作剧。他，小染匠，生存着，而且知道自己的有限，这个智力超群的男孩子只是想要修补这个裂缝。他所要求的一切就是一笔适中的财富，无限怎么能够拥抱他呢？他怎么知道他的画笔一挥就足以使鉴赏家们无所适从？他的手段，他那顽固的野心，将在无知的黑暗中释放出来。如果油画成了一匹没有颈圈的迷途的狗，这毕竟不是他的过错。后来将会有一些傻瓜，他们对于放纵任情兴奋不已。在16世纪中期的意大利，第一个单眼透视的牺牲品试图把他的一切都藏起来。孤独地、不图功利地工作是无所畏惧的。人必须有一个主宰。无论如何，上帝已经死去了，威尼斯还存在着——即那个能够填补其漏洞、缝合其裂纹、堵塞其间隙、阻止其流血和遗漏的威

尼斯。

《走投无路的人》

米开朗基罗在烦恼中死去，他用两个字对他深感绝望而又予以蔑视的一切作了总结：原罪。丁托列托什么也没有说，他习惯于进行欺骗，如果他对自己的孤独有所感觉，他将发现这是无法忍受的。但也正是因为这个原因，我们可以认为，他比任何人都更多地受苦于孤独，我们这位为资产阶级工作的假资产阶级，还缺乏一个光明正大的辩词。在奸诈小人的陷阱中，这位小染匠左冲右突，传染了一种道德性神经病。亨利·简森（Henri Jeanson）恰当地称之为"令人恐惧的、野心勃勃的道德上的强健"。他为他自己设立了一个严肃的目标：通过明智地开发利用自己的才能超过他的父亲，并且靠迎合公众趣味来垄断。他善于轻松愉快地投机，狡诈、速度、才能——他一样也不缺乏，只是这一切都受到那令人晕眩的空虚和那种非神性的艺术的暗中破坏。非神性的艺术是丑的、低劣的、阴暗的，它表现为一种部分对整体的可笑的占有欲，它是一阵夹着冰雪的阴沉的寒风吹过一个被刺穿了的胸膛。由于被虚无所吸引，雅可布开始了一次静止不动的航行，他将永远不会从这航行中退却回来。

《走投无路的人》

在这个总督的共和国里，一个好的臣民必须一举一动都顾及国家：画家必须以其作品来美化城市。雅可布将自己放在市民同胞们的制约之下。关于他早就选定了的艺术，他们制定了一整套充满学院气的观念，而且他自己本来就抱有与这相同的观念，既然如此，其余一切就都不在话下了。有一件事情对他说来是清楚无疑的，即，还是一个小孩子的时候，他就相信：一个艺人的价值是以他所承接的委托项目的数量和重要性以及他所获得的名声来衡量的。他把天资隐藏在机会主义背后，把在社会上的成功视为一种不可理解的胜利的外在标志。他的诡计蒙蔽了其他人，他在尘世里大耍其骗术，然后在天国里一片诚心地冒险。如果在尘世里他打出自己的王牌而轻易获胜，那么他就敢于自称在天国也将取得成功；如果他的作品被卖出去了，这就意味着他已经将这个世界捕获在手中了。但谁可能因他的恶作剧而谴责他呢？

《走投无路的人》

在 16 世纪，艺术家的确是为所欲为的，艺术已不再是宗教的牺牲品了，但另一种倾向也同样明显，即，它正在合理化——正在成为一种社会性设施。那个时代，在威尼斯谁敢说"我为自己作画，证明我的存在"？在今天，对于这样说的人，我们是否坚信他正在阐明一个真理呢？任何人都是审判官，也都不是审判官，按你们自己的意愿去作出判断吧。丁托列托所受到的怜悯多于谴责，他的艺术像一把灼热的利剑刺穿了他的时代，然而他自己也只能以他的时代的眼光来看待它。此外，他自己选择了受苦，那么，有限便又一次掩盖了无限；野心遮蔽了天才，威尼斯吞没了她的这位再也不会出现的画家。但是，迷人的无限折磨着一切，雅可布的适中的机会主义转向了疯狂。现在，他不仅必须成功而且必须予以证明。这位倒霉的画家，一个自首的罪犯，他把自己当做一场永无结局的审判中的一方，他自己充当自己的辩护律师，把每一幅画都用来做保护自己的证据，他永远不停地为自己申辩。人们也许可以相信，有这样一座城市，它的官员和资产阶级在没有臣民上诉时单独地作出决断，它将决定雅可布在世时的前途和他的不朽。他——同时只有他——承受着一种奇怪的混合物，他要为他的最终上诉法庭草拟一部法典，要把威尼斯共和国变成最高审判席，这两方面中间，他必须作出选择。就周围环境条件来看，他只有一种选择的可能。他运气不佳。我感到，他那种对人类的其他部分置若罔闻的态度，对我来说简直太熟悉了！他不关心德国人或佛罗伦萨人的态度。威尼斯是最美、最富裕的，她有最好的画家、最好的批评家、最有见地的艺术赞助人。在这里，在一堵堵砖墙里边，在上空的繁星和平静的水色之间，在神灵之光消失后的火红壮丽下，永恒将在一个人的生存时间中被长久地战胜。

《走投无路的人》

　　漫长的变革开始了——这是一场以世俗取代神圣的变革。从冷漠、神秘、复杂中，人类的各种生命活力从那令人陶醉的神性的混沌中，一个接一个地复苏了。艺术也出现了转机，油画冲破了那层宁静的薄雾，呈现出现世的放纵倾向。这又复归到了多塞奥和乔托①的时代，这两位画家依照造物的原本样子供奉给上帝观赏，即造物刚刚脱离上帝之手时的样子，那时正是上帝认可了自己的作品、给了世界以永恒的形态，然后合上了他的记事簿之后。一旦转入绘画的天地，在这神圣的光芒和上天的眼力的领域中，僧侣和教师们有时也取下了有色眼镜，他们战战兢兢地去观看那供奉给上帝观看的东西，然后道一声"失敬"，离去了。

　　　　　　　　　　　　　　　　　　　　《走投无路的人》

　　当然，他已经竭尽全力去以假德·萨琪斯超过真德·萨琪斯。他的撤退并非溃败，他表示告辞的话是："无论是老一辈还是年轻人，我都能在他们的基础上加以模仿并超过他们。"但正确地说这是值得怀疑的。如果他单枪匹马能够战胜他们全部人的话，那为什么他又需要运用他们的技法并尊重他们的规则？在他的傲慢中包含着何等的怨怒啊！这位杀死了亚伯的该隐申诉道："你们喜欢委罗内塞吗？很好。本人屈尊模仿，将会远过于此辈。你们居然把他当个人物，他除了一点技术以外一无所有。"这可真是够谦卑的了。这位贱民一次又一次地披上他人的外衣，为的是使自己在这种改动中享受被人热爱的乐趣。有时，仿佛他又失去了显露其恶语伤人之才能的勇气。灰心丧气之时，他在朦胧昏暗中忘却了自己的天资，甚至还极力用理智的推论去证明这天资的存在："既然我画出了最好的委罗内塞型作品和最好的波尔登纳型作品，那么，可以想象，在任我自由发挥之时，我也可能画出一些像样的东西来。"事实上，他几乎从来没有得到过自由发挥的权利，除非人们完全信赖于他，

――――――――――

　　①　多塞奥·德·布宁塞尼亚（Duccio Buoninsegna，约 1255～1319），意大利著名画家，西耶纳画派的创始人。乔托·德·邦多纳（Giotto di Bondone，1267～1337），意大利文艺复兴初期的画家、雕塑家和建筑师，他的创作对文艺复兴时期大多数艺术家都产生过影响。有人称他为"文艺复兴的种子"。

将他单独放在一间空房子里。当然，由于被他人的敌视所包围，他丧失了对自己的信任，这是可以理解的。这位画家处于同样一种不正常环境中，所以，他自己的胆怯和他的市民拥戴者们的偏见也是可以理解的。1548年，在威尼斯，在丁托列托对贵族、对鉴赏家、对美学家的攻击下，油画处于危险之中。

《走投无路的人》

竞争唤起了他先前那种通过隐姓埋名得自我证明的热情，他所擅长的事情正在这里，他的突出的特征也正在这里。最轻微的批评都会扰乱他的头脑、伤害他的感情。1559年，圣罗柯教堂委托他制作一幅《治愈麻风病人》，尽量与波尔登纳的作品协调一致。但并没有谁要求他模仿那位前任的风格。毫无竞争的必要①，因为安东涅洛·德·萨琪斯②已经在加年前死去了。如果说他曾一度影响过这位晚辈画家的话，那这个时期早已过去了。因为雅可布已经精通了艺术。但是他仍然不能抵制诱惑，他硬是要用波尔登纳的风格来绘制。注意力被集中在一种手法的运用上，他运用这一手法。夸大他们表情上的巴洛克狂热……采取拿巨大的形体与一种使我们感到人是被硬塞进其中的建筑物相对照的方式"，"这些建筑物产生此种效果的原因在于，降低了天顶……使用了圆柱……使表情得以稳定，狂热得以凝固"。想到要永远被夹在冷酷的竞争之中，他便感到不寒而栗："如果你们喜欢将波尔登纳与其他人比较，那么我雅可布·罗布斯蒂还是离去为好。"

《走投无路的人》

还有一些事情比丁托列托对竞争的断然拒绝更高明。米开朗基罗也许会说："我不承认任何对手，也不接受任何裁判。"不幸的是丁托列托

---

① 由于受到他们风格上相近似的欺骗，里多尔菲宣布，这幅画是"与波尔登纳携手合作"画出来的。

② 波尔登纳本名乔万尼·安东涅洛·德·萨琪斯（Givoanni Antonio desac-chis）。

并不这样看。恰恰相反，在被邀请去作草图时，他将毫不迟疑地接受。尔后我们看见了他放射出的闪电般的光辉。就像乌贼撒布墨汁那样。观众被那光辉弄得眼花缭乱，简直无法看清他的作品。而且，一应事物都安排定当，以至于他们不用深究它，或者——更为重要的——鉴定它。当他们从眩晕中苏醒过来后，画面变得可以接受了，于是这件供品得到了赏识，或许，他们只看见那一道闪光。要么是我们发生了严重的误解，要么得归因于他闪烁不定的含糊其词——他好像害怕跟他的对手们直面相对。如果他确信自己有足够的才华，那又为什么要浪费独创精神？如果同辈人对他的作品的质量毫无异议，那他还会用作品的数量在他们中间炫耀吗？

《走投无路的人》

在整个一生当中，他一直把他们弄得疑虑不定，有时避开他们，有时攻击他们，有时又蒙蔽他们。一切事情都有其特定的用途：痛苦和病态的幽默，狂妄自大，随机应变，惊人的尝试，心底的怨恨，不可更改的自信和企望受人爱戴的谦卑愿望。丁托列托的油画本身就是一场个人与一座城市之间的热情似火的风流韵事，在这方面，他是有史以来第一个人也是最重要的人。

《走投无路的人》

在这个没有理性的浪漫故事中，从表面上看，城市比人更为愚蠢。她还没有忘记把荣誉给予其他一些艺术家。那么，她为什么单单对待这一个——她的全部艺术家中最伟大的一个——就表现得那么疑虑重重、性情乖僻？其原因很简单：她还在跟另外某个人卿卿我我。

《阳光下的鼹鼠》

威尼斯共和国渴望着声望。她的船队长期以来被视为她的光荣，因为自身的衰落使她疲惫不堪而且受到外部势力的威胁，于是她要以她的艺术家来炫耀一番。提香一个人就抵得上一支舰队。

《阳光下的鼹鼠》

丁托列托在"我也应当能够"这样一个虚设的借口下要求同样承认他有着杰出的先辈的地位。但是,打官司解决不了价值问题,一个人不能向共和国要求那种属于世袭君主制权力范围内的东西。雅可布在责备这座总督们的城市将全部反光镜都对准里埃脱岛的那棵猴面包树时,他犯了一个错误。实际情况正好相反。一束源于罗马或者马德里的光芒——不论怎样,总是来自城墙之外——照射在这棵长寿的大树上。又反射到整个威尼斯城中,这折射出来的光芒驱走了阴暗。

《阳光下的鼹鼠》

他从教皇的权杖和冠冕上偷来了一点光辉,给他自己装上了一个光圈。这片接纳了他的土地因为他在罗马帝国里所得到的尊敬而拥戴他为第一。在神赐的、环绕在他头顶上的、令人敬畏但又于人无害的光辉里,威尼斯自称意识到了她自己的荣耀。这位君王们的画家简直就是画家中的君王,海上霸主①将他认作她的儿子,通过他重新发现了威严强盛的痕迹。她很快就给了他职业、名声,但在他为君王们工作时,他沉浸在圣灵的光芒之中,这光芒穿透了墙壁,一直弥漫到圣罗柯会堂。她知道他回报给她的东西是他从她这里得到的东西的100倍。他是一件国宝。更有甚者,此人寿命长得像一棵树,他的生命持续了将近一个世纪,他不知不觉地变成了一所学院。这所学院由一个在年轻一辈之前出生而又决意要比他们活得更久长的人所设立,它的出现打击着年轻的艺术家们,它激怒了他们,阻碍了他们的雄心。他们感到这座城市似乎有一种延续生命的力量,威尼斯把赞美都留给提香一个人了。

《阳光下的鼹鼠》

那位老人在雅可布出生时是40岁,在他年轻的对手第一次尝试显露才华时他是72岁。他每况愈下,日薄西山。该结束了!这位一往无

---

① 指威尼斯共和国,16世纪上半期,威尼斯控制了海上霸权,这也是威尼斯共和目的鼎盛时期。

前的君主统治了 27 年①。百岁老人在最后消逝的时刻，将他的未完成的《哀悼基督》作为最大的一笔财产遗留下来——像一个富于青春活力的美梦被中途打断一样。

《阳光下的鼹鼠》

丁托列托这只鼹鼠在一座迷宫里挖掘了半个多世纪，这迷宫的宫墙闪烁着斑斑灵光。直到他 58 岁时，这个惯于夜间活动的、被一个他人的声望讨厌地遮蔽着的小兽，才得以投入阳光的拥抱之中。在那道光芒最后熄灭时，雅可布·罗布斯蒂已是垂暮之年了，他还是坚持着比那位霸主多活了一些年头。然而他仍然一无所获，因为提香是绝顶聪明的，他集两种功能于一身，即，既不放弃他的小业主的独立性又充任那个法庭的一名雇员——这种历史上少见的幸福命运跟常常孤注一掷的丁托列托几乎无缘。看见那两座坟墓，你就会知道，他因为对他的国家作出的牺牲而至今仍在付出怎样的代价。那位伟大的长者的舒展的尸体被埋葬在圣玛利亚·德·弗拉里（Santa Mafia de Frari）教堂的一座装饰性的山下，那里是著名的总督公墓。丁托列托的尸体却在教区教堂的阴沉黑暗之中躺在一块厚木板下面。

《阳光下的鼹鼠》

丁托列托是他们的画家，他描绘了他们所见闻、所感觉到的事物，而他们却不能容忍这一切。提香嘲弄过他们，而他们却崇拜提香②。提香把他的大部分时间用于慰藉王公贵族，他以其画作使他们再次相信，在这片现实世界中最幸福的国土上。一切事物都是美好无比的。倾轧只

---

① 关于提香的生卒年代，历来有不同的说法：一般认为他生于 1477 年，1576 年死于鼠疫，活了 99 岁；另一种说法认为他生于 1490 年；也有人认为他生于 1485 年，瓦萨利的记载中，提香生于 1489 年，还有一份当时的档案，其中记录的提香生年是 1482 年。这里萨特显然取提香生于 1477 年的说法。

② 提香·提威安诺·威切利（1477～1576），把他作为一个肖像画家所取得的巨大成功归因于描画与他自己过往密切的臣民们的能力。

是一种假象，外表上的色彩斑斓消除了对立的恶意。

《阳光下的鼹鼠》

丁托列托出生在一个动荡不安的城市里，他吮吸了威尼斯人的焦虑，也毁灭于威尼斯人的焦虑，除了威尼斯人的焦虑，他没有可画的东西。如果他的那些最为苛刻的批评家们身处他的境遇，也会有一模一样的表现。但他们决不会，尽管他们无法避开焦虑，但他们却希望不把焦虑当做注意对象，所以他们就指责那些表现了焦虑的绘画。命运决定了雅可布必定不自觉地给予时代以揭露，这个时代拒绝清醒地认识自身。这样，我们也就理解了他的命运的意旨和威尼斯人对他心怀怨恨的秘密。

《阳光下的鼹鼠》

丁托列托激怒了所有的人：第一，贵族，因为他在他们眼前展现了一种清教主义和资产阶级的奇思异想的骚动；第二，艺人，因为他破坏了共同的规则并且在他们表面的职业性团结下发出嫉恨和不满的嘀咕；第三，爱国主义者，因为在他的笔下，油画的疯狂状态和上帝的隐去向他们展露了一个荒诞和无法预言的世界，在这个世界中任何事情都有可能发生，甚而至于威尼斯的死亡。似乎这位受到资产阶级精神教养的画家应当得宠于他所选定的阶级。事情恰恰相反。资产阶级只是有所保留地承认他，它常常看出他的迷人之处，但又不断地发现他的可怕之处。其原因在于，资产阶级对自身也逐缺乏清楚的认识。什可洛·德·赛格尼罗尼①大概想到过叛离，他偷偷摸摸地探索荣升为贵族的路径，探索脱离他尚在为之效力的资产阶级的路径。而不管自己的出身如何。在罗布斯蒂的画中，他发现最为令人不齿的东西乃是他们的激进主义和"非神化"效果。总而言之，无论代价如何，这些事情总是必要的：驳斥丁托列托的辩解，制造他的冒险业已失败的表象，否定他的探索的独创

———————————

① 什可洛·德·赛格尼罗尼（Signor de Zigninoni），即萨玛里·德·赛格尼罗尼。

性，甚至完全抹掉他的存在。

《阳光下的鼹鼠》

请看一下对他的指控吧。首先，他干得太快，任何地方都留有他的印记。人们得加以修饰以完成这些作品，尤其是对那些并非出于个人独特性的组成部分。如果这位画家来绘自画像的话，他将使自己受到审判，而且还要把公众视为法官。威尼斯强加给这位艺术家以一句清教徒的格言："勿作个人评判。"她小心细致地把雅可布的抒情风格与一个疲惫的承包工的无情的草率等同起来。后来就有了里多尔菲记载的那条训令，即所谓丁托列托写在画坊墙壁上的那句话："提香的色彩加米开朗基罗的构图。"这条训令的记载是没有根据的，最早的记载出现在一位威尼斯艺术批评家在 1548 年写的一部著作中，并且没有将其置于罗布斯蒂的名下。事实上后者或许只是通过丹尼尔·德·瓦尔特拉①的复制品才得以了解米开朗基罗的作品——可知，这决不会在 1557 年以前。一个人能够依据表面价值写下那些话吗？那么能不能想象说他是急于尝试袭用那些可笑的程式呢？个人传奇只是他的时代的一种梦想。由于面临西班牙的威胁，北部国家和中部国家渴望结成联盟——可惜太晚！然而，国家意识的清醒，尽管还十分简单，但也不能不对敏锐的艺术发生微妙的影响。"米开朗基罗和提香"意味着佛罗伦萨和威尼斯。结成联盟的绘画，该是何其美妙！

《阳光下的鼹鼠》

色彩是令人满意的大笑，构图则是令人满意的哭泣。最初是两方面和谐统一，后来出现了骚动失调的冒险。一方面是各部分的协调一致，另一方面是狂放不羁。该世纪的两个提香彼此攻击，又相互拥抱，都想压制住对方——雅可布便是开战的地域。有时提香几乎取胜，有时米开朗基罗差一点就完全控制住了对手。但在这两种情况中，失败者都还是

———————————

① 丹尼尔·德·瓦尔特拉（Daniele de Volterra），生平不详。

强大的，足可以反过来再抢夺胜利者的战果，这种皮里克式的胜利①的结果乃是一幅被粗劣地修补过的图画。但这是在超越中进行的修补。丁托列托似乎觉得，他的同代人们，如愚蠢的提香之流，都被波纳罗蒂②的阴沉的热情吞没了，被圣·维图斯③的舞蹈震撼——这是一种鬼使神差的、有悖常理的人格分裂。

《阳光下的鼹鼠》

从一种意义上说，雅可布只是作为一个战场而存在；在另一种意义上，他是一个怪胎，是一件假货。瓦萨利编的那些寓言的意思是十分清楚的：罗布斯蒂这位亚当想要尝一尝智慧树上的果子，而作为天使长的提戚安诺，伸出其手指、拍打着翅膀，把他赶出了伊甸园。运气不佳和带来厄运在意大利是同一回事。如果你近来经济拮据或者出了车祸，如果你摔坏了腿或者你的妻子离你而去，那你就不要指望有人请你去赴宴。女主人有意地将其他客人与过早秃顶的人、伤风感冒的人隔离开来，在某种特殊的情况下，还要与在她的楼梯上摔坏了脖子的人隔离开。我认识一个米兰人，他的眼睛出了毛病，这是去年才发现的，于是他再也没有一个真正的朋友了，在家中，他单独一人进餐。雅可布正是这样，偶有一失，于是变成了众矢之的。若是发生在他的母亲养育着他的时候，或许还会牵涉到她的头上。在威尼斯，那种咒语是有其实际原因的：由于动荡不宁，由于心神欠安，威尼斯滋生了一种狂乱精神，所以就把诅咒对准他的焦虑。这位不幸的牺牲者对一座绝望而坚贞的城市爱到了无人可比的程度，他的爱使那被爱者惶恐不安。

《阳光下的鼹鼠》

---

① 皮里克式的胜利（Pyrrhic victory），指古希腊国王皮洛士（Pyrrhus）在公元前279年以极大的牺牲打败罗马军队，后人常以此形容那种付出极大代价取得的胜利。

② 米开朗基罗全名为：米开朗基罗·波纳罗蒂（Michelangelo Buonarroti，1475～1564）。

③ 圣·维图斯（St. Vitus），生平不详。

丁托列托走到某处，那里的人们便驻足于旁侧——他们嗅到了死的气味。事实上也是这样。但是，贵族的欢宴喜庆，资产阶级的博爱慈善，平民的温驯屈从，这些东西又发出了什么香味呢？还有那些粉红色的房子又如何呢？它们有着污浊的地窖和被耗子弄得一塌糊涂的墙壁。长着发出尿味的水芹菜的污浊的运河和被肮脏的水泥封闭在码头下面的灰白的肌肉，又发出什么样的香味呢？那河水深处的气泡被紧紧地包裹在污泥当中，平底船激起的漩涡把它们释放了出来，它们在这黑水中向上升腾，挤出水面，旋转着，闪着光斑，然后炸破了。那水泡破裂的时候，一切都将毁灭——资产阶级的恋旧、共和国的宏伟、上帝和意大利人的油画。

《阳光下的鼹鼠》

丁托列托是威尼斯的首席送葬人，是一种生命存在的方式，但他死去的时候，没有任何人为他做首席送葬人。尔后，寂静降临，一只虚情假意的手将丝绸挂在他的画作上。当我们移开这张黑幕时，我们看到的是一幅肖像画，它曾经上百次地出现过。是雅可布的肖像还是那海上霸主的肖像？正如你将看见的一样：这座城市和她的画家有着同样的一副面孔。

《阳光下的鼹鼠》

如同人们只能在世界的背影上知觉事物一样，艺术表现的对象也是在宇宙的背影上显现的。

《谢秦论》

艺术创作，通过艺术对象对我们揭示世界整体，而且它是为人的自由而创作，对人们自由负责的。

《谢秦论》

艺术创作的主要动机之一，是我们明确地在和世界的关系中感到我们是本质的东西的这样一种欲望。

《什么是文学》

必须认为绘画（欣赏者取想象态度）是在每一时刻被所描绘的对象的非实在的东西所反映。

《想象力的问题》

肖像便是以其复杂性忠实地再现着其原型，肖像为了提炼出特征性的面貌也要进行一种随意性的简单化。

《想象心理学》

艺术家最初便有一种以意象为形式的观念，而后他则将这个意象体现在画布上。

《想象心理学》

选择成为一个普通的艺术家丝毫不意味着追求自卑。

《存在与虚无》

音乐对我来说是很重要的，它既是一种娱乐，又是文化修养的一个主要成分。

《想象心理学》

一个真正的音乐修养应该包括从旧音乐到当代最新的音乐，爵士乐当然也在其内。

《想象心理学》

对我来说真正有价值的音乐是古典音乐。

《想象心理学》

我们在从戏剧音乐的世界向日常生活的世界过渡时，总是要体验到那种巨大的困难的。

《想象心理学》

艺术作品是一种非现实。

《想象心理学》

对于这个人来说，艺术是一种逃避；对于那个人来说，是一种征服手段。

《想象心理学》

只有为了别人，才有艺术；只有通过别人，才有艺术。

《想象心理学》

文学与写作

文学·写作

有人认为艺术是一种逃避，也有人认为艺术是一种征服手段，双方各有自己的道理。可是人们可以逃去做隐士，可以躲进疯狂，也可以遁入死亡。人们可以用武器来进行征服。那为什么又非要写作不可呢？为什么人们一定得用写作来进行逃避或征服呢？因为在不同作者的形形色色的目标后面，存在着一种我们大家共有的更深入更直接的选择。我们试图去阐明这个选择，看一看作家之必须介入写作，到底是不是由于这个对写作的选择。

《为何写作》

我们的每一个观念，都伴随着这样一种意识：人类现实是一个"展示者"，那就是，只有通过人类现实才有所谓存在，换句话说，人是一个手段，通过人事物才显示出来。由于我们在世界上的存在，才使得各种关系变得复杂起来。是我们，使这株树与那一小块天产生了联系。由于我们，那颗死了一千年的星，那一弯新月，那一条黑色的河流，才在浑然一体的景色中显现出来。正是我们汽车和飞机的速度，把这大块大块的土地组织在一起。随着我们的每一个行动，世界向我们展示出一个新的面貌。但是，如果说我们知道自己是存在的导演者，那么我们也知道自己并非存在的创造者。要是我们掉头不看这片景色，它就会沉回到永恒的黑暗中去。至少，它会往回沉。可是谁也不至于傻到认为它将被消灭。将被消灭的是我们自己，而地球则将在无生命的状态下继续存在，直到另一个意识出现把它唤醒。因此，我们除了确认自己是"展示者"之外，还确认我们对被展示物来说是非本质的。

《为何写作》

艺术创作的主要动机之一，当然是某种感觉上的需要，那就是感觉到在人与世界的关系中，我们是本质的。如果我确定要在画布上或在写作中描写旷野的某个方面，或是描绘大海，或是描绘我所发现的某人脸上的神情，我知道自己是通过凝练各种关系，引进本不存在的秩序。以统一的思想，控制五花八门的事物，这才把它们创作出来的。也就是说，我感觉到在我与作品的关系中，我是本质的。可是现在却正是那被创作出来的客体离我而去，我不能同时既展示又创造。在作品与创作活动的关系中，作品变成非本质的。首先，即使对别的创造物来说它似乎是明确无误的，但对我们来说它好像永远处于一种悬而未决的状态，我们总是可以改动一下这根线条，改动一下那片阴影，或是改动某一个词。因此，作品决不会把自己强加于人。一个学绘画的新手问他老师："什么时候我可以认为自己的画达到完美无缺的地步？"老师回答说："当你可以惊叹地看着你的画，并对自己说：'画那张画的就是我啊！'的时候。"

《为何写作》

"在我看来，一旦你懂得怎样去从事数学和自然科学工作，这就意味着你理解了全部自然科学和数学，我想，如果我专门研究哲学，我将学得世界上的一切，我将在文学中谈论它们。可以说，这给了我内容。"

《永别的仪式·同让—保尔·萨特的谈话》

"一个作家必须是一个哲学家。自从我认识到哲学是什么，哲学就成了对作家的根本要求。"

《永别的仪式·同让—保尔·萨特的谈话》

这等于说："永远不会达到。"因为这实际上是用另一个人的眼睛来估量自己的作品，展示自己创作的东西。但是，相对说来，我们并不很意识到自己创作的东西，却更多地意识到自己的创作活动。这一点是不言而喻的。如果要制作一件陶器或木器，那么我们就拿起工具，依照传统规范的要求进行工作，这些工具的用法都是早有规定的。这里，用我们的双手进行工作的，是海德格尔①所说的那个著名的"他们"。在这个事例中，其结果似乎是十分奇怪的，因为它在我们眼中保存了自身的客观性。但如果由我们自己来订出制作规则，确定方法，立下标准，如果我们的创作冲动出自我们内心深处，那么，我们在自己的作品中除了我们自己以外，就再也找不到任何别的东西了。用以评判作品的法则，是我们自己构想出来的。我们在作品中认出来的，正是我们自己的历史、自己的爱和自己的欢乐。即使我们看着它而不再进一步去碰它，我们也决不能从中领受那种欢乐或爱。我们把那些东西放进作品中去了。我们从画布或纸张上取得的效果，对我们似乎绝不是客观的。我们对产生那些效果的方法是太熟悉了。这些方法仍然是一种主观上的发现，它们就是我们自己，是我们的灵感，是我们的计谋。当我们要想见到我们的作品时，我们就再一次把它创造出来，我们在脑子里重复这个作品的各个制作过程。它的每一个方面都作为一个效果显示出来。因此，在观念中，客观成了本质的东西，而主观却变成非本质的了。前者在创作中寻求本质并得到了它，可是，正是这个客观，接着又变成非本质的了。

《为何写作》

这个辨证关系在写作艺术中比在其他任何方面都更为明显。因为文学客体是一个只存在于运动中的特殊尖峰，要使它显现出来，就需要一个叫做阅读的具体行为，而这个行为能够持续多久，它也只能持续多久。超过这些，存在的只是白纸上的黑色符号而已。要知道，作家不能

---

① 海德格尔（Martin Heidegger，1889—1976），德国存在主义哲学家。

读他自己写的东西；鞋匠却可以穿他自己刚刚做好的鞋子，只要尺寸合脚就行；建筑家也可以住他自己建造的房子。阅读时，你在预测，也在等待。你预测句子的末尾，预测下一个句子，预测下一页书。你等待它们来证明你的预测是否正确。阅读是由许许多多假设、许许多多终于要醒的梦、许许多多希望和受骗所组成的。读者总是在他们阅读的那个句子的前头，进入一个他们读下去时一部分逝去、一部分相应地聚拢的未来之中。这个未来从一页退到下一页，形成了文学客体的一个移动着的地平线。没有了等待，没有了未来，没有了无知，那也就没有了客观现实。

《为何写作》

于是，写作活动包括着一种不言而喻的准阅读在内，这种阅读使得真正的阅读成了不可能的事。当词儿在作者笔下形成时，他无疑是看见这些词的，但是他看见的与读者看见的并不一样，因为在他把它们写下来之前就知道它们是什么了。他写字时盯住看着，并不是为了要展示这些等待人们来阅读的沉睡的词儿，而是为了要控制这些符号的构图。简而言之，那纯粹是一项规划工作，在他眼前展示的只不过是钢笔的轻轻滑动而已。作家既不预测也不猜想；他是在进行规划。常有这样的情况，他等待着人们所谓的灵感。可是一个人等待自己与等待别人是不一样的。如果他犹豫不决，他知道那是因为未来尚未构成，而他自己将要创造这个未来；如果他还不知道他的主人公将有怎样的遭遇，那只是意味着他还没有想到这一点，还没有作出任何决定。因此作家的未来是一页空白，而读者的未来却是他与结局之间印满文字的 200 页书。这样，作家无论在什么地方，接触的只是他的知识，他的意志，他的计划，一句话，只是他自己。他只触及他自己的主观，他所创造的客体是他所不能及到的，他创造这个客体并不是为他自己。若是他来重读自己的作品，那已经太迟了。句子在他眼中再也不能成为什么有意思的东西了。他到达主观的极限，但却没有跨过这个极限。他欣赏某一笔或某一警句或某一用得恰到好处的形容词所产生的效果，但这只是对别人产生的效果。他可以评判这种效果，却感觉不到它。普鲁斯特①从未揭示查勒斯搞同性恋，但他甚至在写书之前就这样决定了。如果有一天，这本书对它的作者呈现出客观的外貌，那一定是经过了许许多多年，作者已经把它忘掉，这本书的精神对作者来说已经十分陌生的时候。毫无疑问，这时作者也不再可能写这样一本书了。卢梭②在逝世前重读他所写的《民约论》时，就是这种情况。

《为何写作》

因此，说一个人写作只是为自己，那不符合实际。只为自己写作是十分糟糕的。在你把你的感情投到纸面上时，你只不过在设法使这种感情作无力的延伸而已。创作行为在作品创作中只是一个不完整的抽象的瞬间。要是作者是孤立地存在着的话，他就可以随心所欲，他爱写多少就写多少。作为客体的作品将永远不能问世，而作者也就不得不放下笔来，或者陷入绝望之中。但是，写作活动包含着阅读活动，后者与前者存在着辩证的联系，而这两个互相联系的行为需要两种截然不同的代理者。正是由于作者和读者的共同努力。才使那个虚虚实实的客体得以显现出来，因为它是头脑的产物。没有一种艺术可以不为别人或没有别人参加创造的。

《为何写作》

我在30岁时出色地干了一下我在《恶心》中描写了——读者可以相信我是诚心诚意的——我的同胞们的那种毫无理由的、难以忍受的生存状态，而我的存在是不在其中的。我就是洛根丁，我在他身上展示了我的生活脉络，并且毫无讨好之意。同时我就是我，圣灵的选民，地狱的编年史作者和一架正对着我自己的原生质汁液的微型钢玻璃摄影机。后来，

---

① 普鲁斯特（Marcel Proust, 1871～1922）。法国小说家，"意识流小说"的创始人之一。查勒斯是他小说《追踪消逝的时光》中的人物。

② 卢梭（Jean Jacques Rousseau, 1712～1778），法国启蒙思想家、哲学家。他的思想对法国资产阶级革命起了积极的影响。《民约论》是他的重要著作之一。

我又快乐地阐述了人是不可能的道理，我自己也同样是不可能的，……我所缺少的是现实的意义。从那以后我改变了。我曾慢慢地向现实请教。我看到了饿死的儿童。而面对死去的孩子，《恶心》是没有分量的。

《词语》

事实上，阅读似乎是观念和创造的综合①。它同时包含着主体和客体的本质。客体之所以是本质的，是因为它严格地属于超验的范围并带来了自己的结构，也因为人们必须等待它并观察它。可是主体也是本质的，因为不仅需要它来揭示客体（即化"有"为客体），而且需要它使这个客体可能"存在"（即把它制造出来）。一句话，读者是意识到在创作中揭示，在揭示中创作的。事实上，我们不必把阅读看做是一种机械动作，认为符号对人产生印象跟光对照相底片产生作用一样。因为如果一个人心不在焉、疲倦不堪、生性愚钝或粗心大意，那么对作品中叙述的大部分故事他都会视而不见。他永远也没法"捉住"客体（"捉住"的意思就像我们所说火"燃得着"或"燃不着"中"燃着"的意思）。他会从黑暗中抓取片言只语，可是这些片言只语看上去只不过是随意涂抹而已。如果他各方面都处于最佳形态，他会超越文字构想出一个综合形式来，这个形式的每一用语只不过能起一个部分的作用："主题"、"题目"或"意义"。从一开始，意义就不再包含在词语中，因为让每一个词的词义变得可以理解我的，反而正是读者，而文学客体尽管是通过语言而被人认识，却决不是用语言表现的。相反，就本性而言，它是意在不言中的，是词的对立物。而且，一本书中排列成行的成千上万个词可以一个一个分开来念，从而使这本书的含义不显示出来。要是读者不是从一开始而且在几乎无人引导的情况下去极力领会这种不言之意，简而言之，要是他不去虚构这种不言之意，没有把他所唤醒的词和句子放在那儿并把它们紧紧把握住的话，那么他就会一事无成。如果有

---

① 关于其他艺术作品（如图画、交响乐、雕塑等）的观赏。在不同程度上也如此。

人告诉我说，把这个活动叫做再创造，或者叫做发现，也许会更恰当一些，我的回答是，首先，这种再创造将会跟第一次创造一样新鲜，一样有独创性。尤其是，当一种客体以前从未存在过，那也就没有什么再创造它或发现它的问题了。因为，如果我所说的不言之意确实是作者想要达到的目的，他至少对此毫不熟悉，他的不言之意是主观的，先于语言的。那只是无言，是与灵感相一致的富有生气的一种内含，它将由词来——加以表达，而读者创造的不言之意却是一个客体。在这个客体的最中心，存在着更多的不言之意——这是作者没有说出来的。这是一个有关不言之意的问题，这些不言之意十分特殊，以致它们在由阅读引出的客体之外，不再能保有在阅读中的任何意义。不管怎样，正是这些不言之意，赋予客体以密度和独特的面貌。

《没有特权的画家：拉普加德》

　　说它们未表达出来那是不合适的，因为它们恰恰是表达不出的。这就是人们为什么没有任何在阅读中的明确时刻遇到它们的原因：它们无所不在而又无影无踪。《漫游者》中的不可思议，《阿曼斯》中的雄伟壮观，卡夫卡神话中的现实主义和真实的程度，这些都决不是形诸笔墨的。读者必须不断越过作品的文字自己创造出这一切来。当然，作者在引导读者，不过作者所做的全部事情也只不过是引导而已。作者树立的界标被空间所分隔。读者必须把它们连起来；他必须超过这些界标。简单地说，阅读就是有指导的创造。
　　一方面，文学客体除了读者的主观以外没有其他实质。拉斯柯尔尼科夫①的等待是我赋予他的，那就是我的等待。如果没有读者的这种不耐烦，他仍然只能是一堆符号。他对审问他的违警法庭推事的憎恨，就是我的憎恨，它是被这些符号从我这儿软求硬诈出来的。那个推事如果没有我通过拉斯柯尔尼科夫而对他怀有的憎恨，也就不存在了。使他具

---

　　① 拉斯柯尔尼科夫是俄国作家陀思妥耶夫斯基的长篇小说《罪与罚》的主人公。

有生气的就是这种憎恨，它是他的血肉。

但是另一方面，又有文字历历在目，像是圈套，诱发我们的感情，并把这种感情反射给我们。每一个词是一条超验的通道；它使我们的感情成形，为感情命名，并把感情归属于一个想象的人物；这个人物承担起替我们体验感情的职责，他除了这些借来的感情外，没有其他本质，他使感情成为客体，使其各组成部分具有适当的比例，并给感情以希望。

因此，对读者来说，行动就是一切，而且一切都已完成。读者的接受水平如何，作品也就如何存在着，当他阅读和创造时，他知道他一直能往前读下去，能一直进行更深入的创造，因而在他看来，作品似乎就像事物一样是无穷无尽而又看不透的。我们很可以把康德保留给神圣理性的那个"理性直觉"与这个绝对的品质创造调和起来，这些品质发源于我们的主观，在我们眼前凝聚成不可渗透的客观现实。

《没有特权的画家：拉普加德》

既然创作只有在阅读中才能臻于完备，既然艺术家必须委托别人来完成自己所开始的工作，既然只有通过读者的意识艺术家才能认为自己在与作品的关系中是本质的，因此，一切文学作品都是一种吁求。写作就是向读者提出吁求，要他把我通过语言所作的启示化为客观存在。如果有人问：作者是在向什么提出吁求呢？回答很简单。由于充分说明艺术客体为什么会出现的理由，既不能在书中找到（那里我们只能找到产生客体的诱因），也不能在作者的头脑中找到，而作者所无法回避的主观也不能说明为什么会有那个导入客观的行为，因此艺术作品的出现是一个新的事件，这个事件不能由先前的事实来加以解释。由于这个有一定目标的创作是一个独立的开端，因而它的实现有赖于读者的自由，有赖于读者自由中最纯粹的成分。因此，作家在创作自己的作品时，向读者的自由提出吁求，要求进行合作。

《没有特权的画家：拉普加德》

可以毫无疑问地说，所有工具都是跟我们的自由打交道的，它们是完成某种可能行为的手段，在这方面，并不是惟独艺术作品才如此。诚然，工具是某个作用的凝结了的外廓。但它仍然只是一种假设的责任。我可以用一把锤子来钉箱子，也可以用它来砸我邻居的脑袋。如果就锤子本身而论，它并不对我的自由提出什么吁求，它没有使我跟自由处于面对面的地位，而只用一系列传统程序来代替手段的自由创造，把利用这个自由作为它的目标。书并不能为我的自由服务；它需要自由。确实，人们不能用强制、迷惑或恳求的办法来跟自由打交道。要得到自由只有一个办法：首先承认它，然后信任它，最后要求它行动——一个以自己名义采取的行动，也就是凭着你带给它的那个信任采取的行动。

《没有特权的画家：拉普加德》

　　书不像工具，它不是达到任何目的的一种手段，它所献身的目的就是读者的自由。用康德所谓的"无目的的终结"来称呼艺术作品，我看是颇不恰当的。事实上，康德的这个词组所包含的意思是艺术客体只表现终结的外表，而且只限于要求自由而又井井有条地展示想象。它忘记了观者的想象不仅有调整作用，而且有组织作用，这种想象并非漫无目的地展现，它被召来在艺术家所留踪迹之外重组美丽的客体。想像并不比头脑的其他功能更能自我陶醉，它总是表现于外，总是从事于某一计划，如果有某个客体能提供一套固定的秩序，可以使我们以为它确有一个无目的的终结（尽管我们提不出那是什么），那么，就会存在这样一种无目的终结了。用这样的办法来解释什么是美——这正是康德的目的，人们可以把艺术当做自然美，因为举个例子来说，一朵花展现出那么多的对称美，色彩是那么和谐，曲线是那么匀称，这使得人们立即会想到要对所有这些特征找出一个一劳永逸的解释，并把这些特征看做是受_个未知的目的所支配的许许多多手段。可是这恰恰是错误所在。自然美根本不能与艺术美相比。艺术品不具有目的，在这一点上我们同意康德的观点。可是我们的理由是它本身就是一个目的。康德的公式不能解释充溢于每一幅画、每一座雕像、每一本书中的那个吁求。康德认为艺术作品首先作为事实而存在，然后才能被人看见。因而只是在你看它时，在它首先作为纯粹的吁求，作为纯粹的生樣需娶时，它才会存在。艺术作品不是工具，工具的存在显而易见，而它的目的则是尚未确定的。艺术作品作为一个有待完成的任务而出现，从一开始它就要求担负明确的责任。你完全可以把一本书丢在桌子上不去管它。可是你一翻开那本书，你就对它承担了责任。因为享有自由并不是指享有自身主观的行动自由，而是指在一种由责任要求而进行的创作行为中享有自由。这个绝对目的，这个必须履行的责任——它是超验的，却又是被默许的，它被自由自身所接纳——就是我们所谓的价值。艺术作品是一种价值，因为它是一种吁求。

《没有特权的画家：拉普加德》

若是在吁请读者把我所开始的写作事业成功地进行到底，那么不言而喻，我是把读者当做一种纯粹的自由，一种不受限制的活动来看待的。因此，我绝不能跟他的被动消极打交道。一也就是说，我要试图去影响他，从一开始就把恐惧、欲望、愤怒等情绪传递给他。毫无疑问，有些作家关心的只是唤起这些情绪，因为这些情绪可以预见和驾驭，又因为他们手头有激起这些情绪的可靠手段。但是，事实确也如此，他们因这一类的事而受到指责，正像欧里庇得斯因为让孩童上舞台而一直受到指责一样。自由转变成一种感情状态；它突然参与了部分的写作事业；它看不见自己的任务，这个任务就是要提出一个绝对的目的。而书已不再具有什么别的功用，它只不过是一种灌输仇恨或欲望的手段罢了。作家不应寻求去压倒什么，否则他就是自相矛盾。如果他希望提出要求，他必须只提有待完成的任务。于是就有了纯描述的特征，这种特征对于艺术作品看来是十分重要的。读者必须能作某种艺术上的退让。戈蒂埃①曾愚蠢地把这与"为艺术而艺术"混淆起来，而巴那斯派②则

---

① 戈蒂埃（Théophile Gautier，1811~1872），法国诗人、小说家，首创"为艺术而艺术"。

② 巴那斯派又称"高蹈派"19世纪后半期在巴黎成立的一个诗人团体，主要代表有勒贡特·特·列尔、邦维勒等。

把这与艺术家的冷静混淆起来。其实，这只不过是一种谨慎，让·芮奈①十分公正地把它称为作者对待读者的礼貌。但是，那并不意味着作家在吁求某种抽象的概念上的自由。人们当然要用感情来创造艺术客体：如果这个艺术客体是感人的，那么它通过我们的眼泪表现出来；如果这个艺术客体是滑稽的，那么它将在笑声中得到承认。不管怎样，这些感情都是一种特定的感情。它们都起源于自由，它们是借来的。我对这一系列事关所寄予的信心，得到了广泛的认可。那是一种基督徒所谓的激情，也就是一种自由，这种自由断然使自己处于被动状态，以便用这个牺牲换取某种超验的效果。读者使自己变得轻信并陷入轻信，这种轻信尽管最终要像梦一样把他包围起来，但却是每时每刻都意识到自身是自由的。有时候有人试图迫使作者处于这样的困境："或者人们相信你的故事，而这是难以接受的：或者人们不相信你的故事，而这是可笑的。"但这个论点十分荒谬，因为艺术意识的特征正是一种通过介入和誓约而建立的信念，是一种受到忠于自己和作者的品质所支持的信念，一种永远在更新的对于信仰的选择。

《没有特权的画家：拉普加德》

　　我随时都会醒，这一点我知道，但我不要醒，阅读是一种自由自在的梦。因此，一切出自这种想象中信念的感情，就像对我的自由所作的种种特殊的调整。这些感情绝不会去同化或掩饰我的自由，它们是它选来向己展示自己的许许多多各不相同的方式。如我所说，拉斯柯尔尼科夫若没有了我对他所怀的那种厌恶和友好相混合的感情，那种使他变活的混合因素，那么他将只不过是一个影子罢了。可是，通过一个相反的转换（这正是虚构客体的特性），那么引起我愤怒或崇敬的不是他的行为，倒是我的愤怒和崇敬赋予他的行为以一致性和客观性。因此，读者的感情从来不受客体的支配，由于没有任何外界现实能够制约这些感情，因而它们在自由之中具有永不枯竭的源泉。也就是说，它们都是慷

---

　　① 让·芮奈（Jean Genet, 1910～），法国荒诞派戏剧家。

慨大度的——因为我认为一种起源于自由而又结束于自由之中的感情是慷慨大度的。因此，阅读就是行使慷慨，作家要求读者的，并不是一种抽象的自由，而是读者全部的天赋，连同他的感情、他的偏爱、他的同情、他的性生活方面的脾性，以及他的价值观。只有这样，一个人才会慷慨地献出自己，而自由透过了他，开始改造他感觉中最黑暗的那些素质。主动性为了更好地创造客体，会使自己变得被动，反过来，被动性就变成了一种行动。于是正在阅读的那个人把自己提到了最高的程度，这就是为什么那些以顽强著称的硬汉子在听到别人叙述虚构的不幸事件时也会流下眼泪的原因。要是他们没有对自己隐藏自己的自由，这时候他们就变成了他们本来会要变成的那个样子了。

《没有特权的画家：拉普加德》

因此，作者进行写作，是为了要跟读者的自由打交道，他需要它是为了使自己的作品得以生存。但他并不就此止步，他还需要读者把他交给他们的这个信任还给他，需要他们承认他的创作自由，并且需要他们也用一种对应而相反的吁求来获取这种自由，这里，出现了另一个关于阅读的辩证关系：我们越体验自己的自由，我们也就越承认别人的自由；别人对我们的要求越多，我们对别人的要求也越多。

《没有特权的画家：拉普加德》

当我被一片景色迷住时，我清楚地知道创造这片景色的不是我，但我也知道，如果没有我，在我眼前建立起来的树、叶、土、草之间的种种关系也将荡然无存。我知道对于为什么会出现终结，我讲不出什么理由，我是在各种色彩的聚合中，在形状和风所造成的运动间的和谐中发现这个终结的。不管怎样，这个终结存在着，它就在我眼前。只要存在已经"来到"，我就可以使"有"变成存在。可是即使我相信上帝，除了完全在口头上，我仍然不能在神的普及的关怀与我正在凝视的特殊景象之间建立起任何通道来。说上帝创造了这风景来迷住我，或者说上帝使我成为一个被这风景所打动的人，这都是把问题当成了答案。这蓝色和那绿色的结合是有意的吗?。我怎么会知道呢? 相信有普遍的天道不能成为任何特殊意旨的保证,特别是在上面讨论的问题中更是如此,因为草的绿色可以甩生物学的法则、一定的常数以及地理决定论来加以解释,而水为什么是蓝色的也可以用河流的深度、土壤的性质、水流的速度来进行说明。阴影的配合——如果是故意安排的——也只能弃之不顾,那是两个构成原因的系列的会合,也就是说,一看就是一种碰巧出现的事例。至多,那个终结依然未能知道。我们所建立的所有关系仍然只是假设,没有人把目的作为责任向我们提出,因为没有一个目的明显地是由创造者故意揭示出来的。因此,我们的自由决不是由自然美召来的,倒不如说,在树叶形状和运动的总体中有一种秩序的外表,于是就出现了召唤的幻觉,这种召唤似乎在乞求自由,而当你注视它时,却又立即无影无踪了。我们才把眼睛看向这一布局,那个召唤马上就消失了,剩下我们独个儿,可以自由地把一种颜色与另一种颜色或第三种颜色联结在一起,可以在树与水之间,或树与天之间,或树、水、天之间建立起关系来。我的自由变成了反复无常。随着我建立起种种新的关系,我进一步摆脱诱惑我的虚幻的客观现实。我沉思着由事物模糊地勾勒出的某些主题,自然的现实只不过成了沉思默想的借口。或者,在那种情况下,由于这个暂时看到的布局不是由别人向我提出,因而也不是真实的,这使我深感遗憾,其结果是我把自己的梦固定下来,并把它转移到我的画布上或写作中。于是,我就置身于自然景象中发现的无目的的终结与其他人对这个景象的凝视之间。我把这个终结传递给人们。通过这个传递它变得具有人性了。这里,艺术是一种授予仪式,而只有授予才能带来形态变化。这有点儿像母权社会中称号和权力的转让,在那里母亲不拥有姓氏,但却是叔伯和子侄之间不可或缺的中介。既然我已经捉住了这个飞翔中的幻觉,既然我为人们展现了这个幻觉并对它进行了剖析和深思,人们就能够以信任的心情来对它端详一番了。它已经变成有意的。至于我,当然,我仍然留在主观与客观的交界处,未能仔细一看我所传递的那个客观的艺术配置。

《没有特权的画家:拉普加德》

相反，读者在安全地前进着。不管他走多远，作者总是走得比他远。不管他在书的不同部分之间——章与章、词与词之间——建立起什么联系，他都能得到一个保证，那就是，这些联系是特地安排的。正如笛卡儿①所说，他甚至可以大胆地说，在那些似乎并无联系的各个部分中也存在着一种潜在的秩序。创造者走在他前面，而最美丽的杂乱无章正是艺术的效果，那仍然是秩序。阅读就是归纳、安插、推断等活动，这些活动的基础则是读者的意志，正如在很长一段时间里，人们相信科学的归纳推理是以神的意志为基础的。在阅读时，从书的第一页到最后一页，都有一种亲切的力量伴随并支持着我们。可是那并不意味着我们可以很容易地探知艺术家的意图。就像我们已经说过，作者的意图构成了推测的对象，这儿还存在着读者的经验，但这些推测得到我们某种信念的支持，那就是我们十分有把握地认为，书中出现的美决不是偶然的。在自然中，树和天的协调只是碰巧而已。相反，如果在小说中，主人公们发现自己被关在某个塔楼中或某个监狱中，如果他们在某个花园里散步，那么这即使得构成原因的独立系列回复原状（人物之具有一定的思想状，那是由于一连串心理的和社会的事件造成的；另一方面，他前往一个预先决定了的地点，而城市的布局要求他穿过某一个公园），又表现了一个更加深刻的终结，因为公园的出现只不过是为了要与一定的思想状态协调，通过事物表现这个思想状态，或者用鲜明的对比使之突出，而思想状态本身，在被构想出来时就是跟风景相联系的。这里，作为表现现象的是因果关系，它也可以被称做"没有原因的因果关系"，而作为深刻的现实的则是终结。不过，如果我能这样满有把握地把目的放到原因后面去，那是因为翻开书本，我就断言客体是扎根于人的自由之中的。

《没有特权的画家：拉普加德》

---

① 笛卡儿（René Descartes，1596~1650），法国著名哲学家，曾提出"我思故我在"的原则。

萨特哲思录

　　若是我怀疑艺术家的写作是否出自激情并怀有激情，那么我的信心就立即会消失，因为用目的来支持原因是没有什么效果的。后者也将被一种心理的因果关系所支持，而艺术作品则将以重新陷入决定论而告终。当然，在我阅读时，我不否认作者可能充满激情，甚至也不否认作者可能是在激情的支配下构想他作品的初步计划的。但是从他之决定写作，就可以料想到他已经让自己的感情往后撤退了一些，简而言之，他已经把他的感情改造成自由的感情，就像我在阅读他的作品时所做的那样，也就是说，他采取了一种慷慨的态度。

《没有特权的画家：拉普加德》

　　因此，阅读是作者与读者之间的一个慷慨大度的契约。每个人相信他的对方，每个人依靠他的对方，对自己有多少要求，也向对方提多少要求。因为这个信任本身也就是慷慨大度。没有任何力量可以使得作者相信读者会利用他的信任；也没有任何力量可以使得读者相信作者已经利用了他的信任。他们双方都可以自由地作出抉择。于是建立了一种辩证的交往关系。当我阅读时，我提出要求，如果我的要求得到满足，我继续往下念，这引起我对作者提出了更多的要求，那就是说要求作者对我提出更高的要求。反过来也如此，作者对我的要求是要我把我的要求提到最高的程度。就这样，我的自由通过自身的展示，也展示了别人的自由。

《没有特权的画家：拉普加德》

　　散文艺术以语言为对象，它的材料自然是可表达的：就是说词首先不是客体，而是客体的名称。首要的不是知道词本身是否讨人喜欢或招人厌恶，而是它们是否正确指示世界上某些东西或某一概念。所以常有这样的事情：我们掌握了别人用语言教会我们的某一想法，却记不起用来传达这一想法的任何一个词。散文首先是一种精神态度：借用瓦莱里的说法，当词像玻璃透过阳光一样透过我们的目光时，便有了散文。当人们遇到危险或困难时，人们会抄起随便什么工具。一待危险过去，人

们甚至记不清用过的是锤子还是劈柴。况且人们根本不知道自己用过什么：当时需要的只是延长我们的身躯，设法使手够得着最高的树枝；这是第六个手指，第三条腿，总而言之是我们获得的一种纯粹功能。对语言亦复如此：它是我们的甲壳和触角，它保护我们不受别人的侵犯，并为我们提供有关别人的情况，它是我们的感官的延长。

《什么是写作》

人与世界面对爱情、仇恨、气恼、恐惧、欢乐、愤怒、赞赏、希望和绝望显示它们自身的真理。介入作家无疑可能是平庸的作家，他甚至可能意识到自己的平庸，但是就像人们不设想自己会大获成功就不会去写作一样，作家对于自己的作品的谦逊态度不应该导致他在构筑作品时不假定它理应取得最大的成功。他永远不应该对自己说："好吧，我勉强会有 3000 名读者"；而是应该说："假如人人都读我的书，又会发生什么情况呢？"

《什么是写作》

他们的书原先太露骨，太逼真，太给人以压迫感，现在都走到另一边去了，它们越来越不触及实际，相应地变得越来越美；在净界稍作逗留之后，它们就飞升到新价值的明白易懂的天庭去栖身。贝高特、斯万、齐格非、贝拉和泰斯特先生①：这些名字不久前都完成了这一变化。

《什么是写作》

人们应该劝告当代作家发布信息，就是说有意把他们的作品限于灵魂的无意流露。

《什么是写作》

---

① 贝高特、斯万是普鲁斯特《追忆逝水年华》中的人物；齐格非、贝拉是吉罗杜作品中的人物；泰斯特先生是瓦莱里笔下的人物。

萨特哲思录

　　既然对我们来说一篇作品是一项事业，既然作家在死去以前是活着的，既然我们认为应该努力在我们的书里证明自己有理，既然，即便未来的岁月会判断我们是错了，这也不能成为事先就说我们错了的理由，既然我们主张作家应该把整个身心投入他的作品，不是使自己处于一种腐败的被动状态，陈列自己的恶习、不幸和弱点，而是把自己当做一个坚毅的意志，一种选择，当做生存这项总体事业——我们每个人都是这项事业——，那么我们就应该从头捡起这个问题，并且我们也应该自问：人们为什么写作？

《为谁写作》

　　乍一看，这不成问题，人们为所有的读者写作；而且我们确实看到作家提出的要求在原则上是面向所有人的。但是上面描述的是理想状况。事实上作家知道他是面对一些陷于泥淖、被掩盖、不能支配的自由说话的；他本人的自由也不是那么纯净，他必须清洗它；他为了清洗它而写作。

《为谁写作》

　　我与之说话的读者既非小大人和天真汉，也不是上帝。他不像善良的野蛮人那样蒙昧无知，以致需要从原则出发解释一切，他不是才智之士，也不是一片空白。他也不像天使或上帝那样全知全能，我向他揭示宇宙的某些面貌，我利用他知道的事情试图把他还不知道的事情告诉他。读者位于完全无知与无所不知之间，他有一定的知识，这些知识随时都在变化，足以向他显示他的历史性。

《为谁写作》

　　通过书籍的媒介建立起一种历史接触。写作和阅读是同一历史事实的两个方面，而作家怂恿我们去争取的那个自由并非以纯粹抽象的方式意识到自己是自由的。确切说这个自由没有定性，它是在一个历史处境中争取到的；每本书从一个特殊的异化出发建议一种具体的解放途径，所以每本书都在暗中求助于某些典章制度和习俗、某些压迫和冲突形式，求助于当时的智慧和疯狂、持久的激情和一时的固执，求助于迷信和良知的最新成果、明显不过的事实和愚昧无知的表现，求助于科学使之流行，并由人们应用于各个领域的特殊推理方法，求助于希望和恐惧，求助于感性、想象乃至感知的习惯。总之，求助于习俗和现成的价值、作者与读者共有的整个世界。作者使之活跃起来并把他自己的自由注入其中的正是这个熟悉的世界。

《为谁写作》

《快报》：你为什么写了《阿尔托纳的隐居者》？我不是特别指这个剧本，而是想问，当你有话想说的时候，为什么选择戏剧来表达？

萨特：首先是因为我在完成那部小说①时遇到麻烦。第四卷应该讲到抵抗运动。当时不难做出选择——即便以后需要许多力量和勇气才能坚持下去。当时人们不是反对德国人，就是跟他们站在一起。这是黑白分明的。今天——1945年以来——情况变得复杂了。也许做出选择时不需要那么大的勇气，但是选择变得困难多了。我不可能在这部以1943年为背景的小说里表现我们时代的进退两难。另一方面，这部未完成的作品成为我的负担；我很难在完成它之前动手写另一部作品。

《作者，作品与公众》

——你是否觉得，你通过戏剧比起通过小说能触及人数更多的公众？

——一个剧本演出成功，作者就触及人数更多的公众，至少当时如此。以后的事我就不得而知了……但是一出戏若能在一家大剧场连演100场而不衰，那它就触及十万名观众。一本书有十万名读者却是少有的事……

《作者，作品与公众》

---

① 指长篇小说《自由之路》，此书只完成了前三卷。

——这种情况对于影片是明显的，如果影片本来有一个意义。观众在"接受"影片时使它偏离其意义或者发现新的意义。但是对于戏剧来说，作者难道不能出来干预，改变导演手法，作一些修正，引向另一个方向？

——不能。作者面对自己的剧本突然发现魔鬼已做了手脚。说这是导演搞的，那又是演员们弄的，未免太简单了。一个剧本应该能够重演和在国外上演；它应该经得起由一些不完全符合角色要求的演员来演出。每个角色和整个作品都应该留有大小不等的变化余地。重要的是别的东西：首先是各场戏和各幕戏内部在成千件东西（人物的姿势、神态、行为，剧情发生的时间和地点，布景、灯光等等）之间涌现的出乎意料之外的关系。人们可以对这一切施加影响，但是不能做到尽如人意：一个客体正在形成，它的各项客观性质不由我们控制。

我在《魔鬼与上帝》里把大部分场景安排在黄昏或夜里。有一天，在彩排前最后一次排演时，我发现由于这些场景连续出现，这个剧本变成一出夜戏。而观众——不管他们是否高兴——在作者之前发现的正是这一点，即便他们没有说出他们的发现。

我还记得《死无葬身之地》的一场戏：亲德的民兵在 1944 年拷打抵抗者。对我来说重要的不是具体地表现肉刑，而是表现这两组人的关系及其冲突。再说导演兼演员维托尔及其他演员和我的关系很融洽。我们在排演时一直兴致很好。维托尔忙得顾不上吃饭，临到下场后才扑向一片三明治狼吞虎咽起来。因为他应在幕后发出受刑者的惨叫声，而他嘴里又塞满食物，这就使我们不太"相信"这场戏。后来，彩排那一天，有些观众觉得戏里这一时刻叫人无法忍受。我通过他们，而且我得承认是大吃一惊地发现古典主义的审慎手法的真正价值：不应该表现一切。你知道今天有些画家的说法：一幅画首先是一个客体。好啊！一出公演的戏，它首先是个客体。一个有其自身结构的客体。不过这个客体的出现有赖观众与作者的合作。

《作者，作品与公众》

——你是否总是同意这种变化？

——不。可又有什么办法呢？一个公众是一群人的集合。就是说，每一名观众在想到自己对戏的看法的同时想到他的邻座的看法。我上剧场，听到一出戏里有些对白可能大大冒犯与我见解不同的人，而我又猜到他们就在场子里时，我就不能完全自由地进行判断，我由于他们而感到不安。至于他们，如果他们不去想与他们同一党派、同一圈子或同一宗教的观众，他们也不至于觉得自己受到那么大的冒犯。从这种循环反应产生一个陌生的现实，谁也不能对之完全负责。

新闻界的作用由此而来。人们以为新闻界制造舆论，其实不然，他们只是解说和集中舆论。剧作家愤于指责新闻界使他们的剧本失去一部分观众。这里有误会：一家日报或一家周刊的专栏剧评家实际上是某一派观众公认的代表。只有当他的判断一般说都被读者们证实时，他才有威信。换句话说，事情好像是他猜到了将读他的文章的那个圈子的观众的意见，而他能做到这一点正因为他本人是其中一分子。

《脏手》公演时，人们大为赞扬弗朗索瓦·佩里埃和安德烈·吕盖，他俩也当之无愧。对于剧本本身的评价，人们却不无犹豫：它是不是反共的？极左派评论家和资产阶级报刊的评论家都在等待对方首先表态。后来，前者终于断定这个剧本是反对他们的党的，——其实我毫无此意——于是后者就鼓掌喝彩，这样一来前者就言之成理了。从此以后，剧本获得一个客观意义，我再也不能改变它。

《作者，作品与公众》

——布莱希特在他的全部剧本中处理的不正是这个主题吗？

——确实如此。人们常说他想用马克思主义解释世界的整体。其实不然。他诚然深信马克思主义。但是，作为戏剧家，不管怎样他感兴趣的是个人的戏剧性遭遇。他只想表现，没有完全不受历史形势制约的个人遭遇，而个人遭遇同时也反过来制约社会形势。所以他的人物总是模棱两可的：他强调指出他们的矛盾也是他们所处时代的矛盾，同时企图表现他们怎样创造自己的命运。

萨特哲思录

　　我想到伽利列奥·伽利略。在布莱希特的剧本里，我们看到他完全受他生活的那个时刻所制约。那个时刻新生的科学与传统、信仰、教会和贵族的利益发生严重的顶撞。而这个集科学于一身的人同时又是第一个背叛科学的人。为什么？因为他缺乏让皮肉受苦的勇气，尤其因为他不明白自己的命运不在这个世界的强者这一边，而是在为自身发展而需要科学，因而制约着科学的另一部分社会成员那一边。当时就是资产阶级。伽利略选择了主教与王侯的阵营，拒绝资产阶级给他的支持。所以伽利略要对自己的命运负责。他创造了自己的命运。但是，他的错误只能在历史的某一时刻得到解释，那时候科学家是贵族老爷或高级教士的一种仆人，所以他在创造将改变他自身状况的东西的同时却不认识自己的力量。

《作者，作品与公众》

　　——这个未来是离现在很近的立即将来时。你在自己的作品里怎样看待这个立即将来时的引入？
　　——至今为止，我不怎么关心这个问题。在《阿尔托纳的隐居者》里我做了一些尝试。整个剧本都立足在一个既真又假的未来之上。隐居者的疯狂在于他为了不感到自己有罪，便把自己看做一个正在逝去的世纪的见证人，向一个高级法庭陈词。当然他说的都是昏话，他讲的不是这个世纪的真实情况，但是我愿意观众多少也感到自己面对着这个法庭……或者只是面对着未来的世纪。
　　我们的世纪将受到审判，就像我们审判了 19 世纪或 18 世纪一样。它将在它以某种方式创造的历史上有一个位置，它将要求以客观的道德标准审判人们。我希望观众通过我的人物说的废话感到自己面对着这个法庭。
　　当然这一切都是一厢情愿。但是，如果事情能成功，观众就会产生滑向过去的印象。我试图让人们在意识到这个世纪正在逐渐离去的程度上感受我们的时代……就像人们每年年终时说的那样：1959 年"不过如此"……但愿 1960 年会好一些！

· 141 ·

我希望观众从外部——这事情有点怪——作为证人去看我们的时代。同时又希望他参与其事，既然他在创造这个时代。何况我们这个时代有点个别：因为我们知道我们将受到审判。

《作者，作品与公众》

"在这些日子里，感动洛根丁的原因是，这是一个由人——由一个离得很远的人——创造的东西；这人以诗句为手段打动了他。这倒不是因为他是一个人道主义者；使他感动和欢喜的是，这是一个人的创造物。"

《永别的仪式·同让—保尔·萨特的谈话》

——帕布斯特的影片在法国却被看做是"左翼"影片。这是对《三分钱歌剧》最通行的解释……

——因为人们抨击了银行家和警察。不过人们也可以从右翼抨击银行家。一切在于方式。当布莱希特能直接面对观众时，一切误会都消失了。他决定让观众也入伙，反正无论如何观众总在与作者合作，他就试图在这一合作中引导观众。一部剧本，这是人的活动形象，也是世界在人面前的形象。需要知道观众与形象之间存在什么关系。我认为布莱希特想摧毁的，是参与关系，即资产阶级戏剧与观众的正常关系——古典主义戏剧又作别论。参与演出，举例说这就是多多少少把自身等同于剧中被害的英雄的形象或情人的形象……于是人们就害怕情人受骗或英雄在剧终时死去。

参与，这就是与形象保持一种几乎是肉体接触的关系，因而就不能认识这个形象。道理是一样的，当人们爱上一个人，对他产生强烈的激情时，人们不能真正认识他。

如果人们"参与"了，——这叫布莱希特为难——人们就在改变作品。

一部戏里有一个真正的英雄，一个革命家，他超越了自身的矛盾，在死亡中战胜了矛盾；对于这部戏，人们可以很有道理地说一个资产者也能参与。为什么呢？因为他不会感到不自在。因为归根结底，资产者可以与这个英雄认同，就像某些人说："我是主张阿尔及利亚归属法国的，但是我尊敬英勇捐躯的民族解放阵线战士"那样，当这个左翼分子解决了自身的矛盾，为了某种理想社会而英勇牺牲时，观众可以说："我不赞成他希望来临的那个社会，但是我不由自主在他身上看到一个能调和自身矛盾倾向的人的形象。我也有相互矛盾的倾向，——虽然是另一种性质的——而这个故事说明人们总能超越矛盾。"于是他散场时心情很好。他想必明白了，在任何社会和任何处境中，超越总是可能的，因此他一面拒绝剧本的内容，一面对英雄主义的表现模式感到满意。在这个意义上，苏联剧本的正面主人公不妨碍资产阶级观众。

布莱希特认为超越一个难受的、矛盾的处境从来不是个人的事情，只有整个社会才能在历史运动中改变自身。他希望人们离开剧场时感到不自在，就是说从其起因上把握矛盾，但又不可能单凭灵机一动就超越矛盾。

《作者，作品及公众》

……一个人，不管是什么人，人们只有把他看做一个社会存在才能理解他。任何人都有政治性，不过这个道理我是在战争中为自己发现的，而且从 1945 年起我才真正理解它。

战前我把自己仅仅看作一个个体，我完全看不到我个人的存在与我生活在其中的社会之间有什么联系。高等师范学校毕业以后，我在这上头建立了一整套理论：我是"孤独的人"，就是说是一个因其思想的独立性而与社会相对抗的人，这个人不欠社会任何情分，社会对他也不起任何作用，因为他是自由的。这对我是不言而喻的事实，1939 年以前我想的、我写的、我亲身经历的一切，都以此为基石。整个战前时期我都没有政治观点，当然我也不去投票选举。……我认为我要做的事情是写作，我绝对不把写作看做一项社会活动。我断定资产者都是坏蛋，我想我恰恰可以通过对资产者说话，毁坏他们的名声，从而说明我这个判断，我当然也这么做了。《恶心》并非惟独把资产阶级作为攻击对象，

不过它在很大程度上是攻击资产阶级的：请看书里写博物馆的场面……你不妨说《恶心》是"孤独的人"的理论在文学上的穴。我的立场扼要地说在于把资产者作为坏蛋来谴责，并且努力为孤独的个人规定一个不受蒙蔽的存在的条件的同时企图说明我自己的存在。即使我已经隐约看到这个立场的局限性，我也不可能从中脱身。

《七十岁的自画像》

没有一个人愿意正视存在。这里展示的就是面对存在的五次小小的溃逃，悲剧或喜剧的溃逃，五种生活。如即将被枪决的巴勃洛，他想把自己的思想抛到存在的彼岸，他想到了他自己的死，结果是自费心机。夏娃试图理解处于封闭、疯狂的非现实世界中的彼埃尔，结果仍是枉然。毫无办法，这个世界不过是一个幌子而已，疯子们都是骗子。至于艾罗斯特拉特，他想通过明显的拒绝人类的生存状况的行为，即通过犯罪来引起公愤，可一切都是徒劳的，罪行已经犯下，罪行是确凿存在的，可他却拒不认罪了，这是一个制造流血事件的邪恶的家伙。还有吕吕，她在欺骗自己：她试图在自我与她不能不对自我投以的注视之间抹上一层薄雾，结果还是徒劳，薄雾立刻变得清晰透明，她并没能欺骗住自己，她只是自以为把自己欺骗住了。最后是吕西安·佛勒维埃，他是这些人当中最接近于感受到他存在的一个人，可他偏不愿这样做，他逃避了，他躲进了对自己的权利的冥想之中：因为权利本身是不存在的，它们是应该在那里的，所以他的企图也是徒劳的。总之，所有这些逃避行为都失败了，它们被一堵墙挡住了。逃避存在，这依然是存在。存在是一个人无法脱离的充实体。

《词语》

事实是，从 1939 年起我再不属于自己了。在这之前我以为自己整个地是过着一种自由的个人生活。我选择自己的衣服，我选择吃什么，我写东西。在我看来，我因此是一个在社会中自由的人，我丝毫没有想到这种生活完全由希特勒的出现以及他威胁我们的军队所决定。后来我

萨特哲思录

开始理解这一点，我试图在小说（《自由之路》的第一卷和第二卷的一部分）中在一定程度上表达它。我在那儿，穿着完全不合身的军装，被其他跟我一样穿军装的人所包围。我们被一种既不是家庭又不是友谊但仍然是十分重要的结合力所联系。我们在干事，但这些事是从外部加给我们的。我发射气球，用双筒望远镜观察它们。我从没有想到我应该干这个，而在我服役期间，人们教我干这事。我在那儿干这个工作，同那些素不相识的干着同样事情的人们在一起，我们相互帮助。我们注视着我的气球消失在云中。这一切都是在离德国军队几里处做的，而德国人在那边也像我们一样忙于同样的事情。那儿有另外一些人正准备发起一次攻击。在此情况下一个人有一种绝对的历史事件感。我突然发现自己在一大群人中被派定为一种愚蠢的角色，一种反对别人的对立者的角色，而这些人跟我一样穿着军装，反对我们正在干的事，而最后来进攻我们。

《永别的仪式·同让—保尔·萨特的谈话》

　　我在德国一直呆到3月。在那儿，在一种奇特而给我留下深刻印记的方式中，我开始了解社会，一个有着阶级和等级的社会，在这个社会中有些人属于这个群体，而有些人属于另一群体；我也开始了解一个战败者的社会，这些战败者被俘虏他们的军队所喂养。这个战败者的社会是一个整体。这儿没有长官；我们是普通士兵。我是个二等兵，我开始懂得服从心怀恶意的命令，明白了敌军意味着什么。

《永别的仪式·同让—保尔·萨特的谈话》

　　我也是在战争里体会到社会秩序和民主社会的。尽管受压迫，被打倒，社会秩序依然存在。正因为民主社会受压迫、被摧毁，因为我们为保全它的价值而斗争，希望它能在战后重生，我们才体会到它，你不妨说在战争中，我从战前的个人主义和纯粹个人转向社会，转向社会主义。这是我生活中真正的转折点：战前和战后。以前这使我写出《恶心》那样的著作，在那里与社会的关系是形而上学的，以后这慢慢导致

我写出《辩证理性批判》。

《永别的仪式·同让—保尔·萨特的谈话》

　　这意味着我发现了一个社会世界，我是由社会形成的，我的文化，我的一些需要和生活方式都是由社会形成的。可以说，我被战俘营重新形成。我们生活在一大群人中，不断地相互接触，我记得我写这信时刚回到巴黎，我十分惊奇地看着咖啡店远离我坐着的人们。在我看来他们是在此浪费时间，这样，我回到法国，我认为其他法国人看不清这一切——他们有些人，那些从前线归来或释放回来的人虽然能看清，但没有谁决定去抵抗。在我看来，回到巴黎的第一件事就是要创立一个抵抗团体；逐渐争取多数人来抵抗并由此实现一个驱逐德国人的暴力运动。

《永别的仪式·同让—保尔·萨特的谈话》

　　我的意图是写一部关于自由的长篇小说。我想在其中描写几个人、几个社会团体在 1938 年至 1944 年所走过的道路。这条道路引导他们一直到了巴黎解放，也许并没有达到他们自身的解放。但我至少希望在我只得打住的这个时期以前就让他们预感到什么是彻底解放的条件。在这部将包括三卷本的小说里，我想没有必要始终使用同一种写作方法。1937 年至 1938 年正是风暴前骗人的平静时期。那时，有些人在某些环境里还可以幻想有自己独立的、封闭的个人历史。所以我决定像人们通常所做的那样先叙述《懂事的年龄》，同时仅仅指出某些个人之间的关系。然而到了 1938 年 9 月，隔离板纷纷倒坍了，个人虽仍然是一个单子，但他感到他已介入了一个超越了他的部分之中。他虽还是对世界的一个观点，但他发现自己正在普通化，正在解体。这是一个被稀释，并不断被稀释但从未消失的单子。为了说明这种条件的模糊性，我只得求助于"宽银幕"的表现手法。读者在《延缓》中将重新看到《懂事的年龄》中的所有人物，但他们由于另一些人的缘故而变得不知所措了。我希望避免谈论一群人或一个民族就像谈论一个人那样，赋予他们某些兴趣、意志和行为，就像左拉在《萌芽》中所做的那样，我也希望能

萨特哲思录

避免把这些人归结为构成他们的各种因素。我还试图利用多斯、帕索斯·伍尔夫等使用同时性手法进行创作的作家所做的技术性探索，我重又把他们放弃的问题提了出来，并试图在这条路上发现一些新的东西。读者将评判我做得是否成功。

《"懂事的年龄"、"延缓"出版介绍》

他们都是活人，可死神已经触及了他们：某种东西已经完了，失败已使价值这块搁板从墙上跌落下来。当丹尼尔在巴黎怀着内疚的心情庆祝胜利的时候，玛蒂厄则在洛林的一个村庄里清点被损坏的物品：和平、进步、理性、权利、民主、祖国，一切都沦为齑粉，而且永远无法复原了。

然而某种东西却在开始：没有道路、没有参照、没有引导文字，甚至还没有明白在他们身上会发生什么事情，他开始行进，只是因为他们还活着。达尼埃尔心情沮丧，他不知不觉地登上了一个将把他引向自由与死亡的山坡。布吕内介入到一种事业中，他决不怀疑这个事业会粉碎他坚如盔甲的信念，使他无遮盖，使他自由。鲍里斯为寻找被窃去的死亡，他飞向伦敦：但他在那儿找到的不会是死亡。尤其是玛蒂厄，他羞怯地体会了团体的经验。在所有这些共同投身的人们之中，玛蒂厄明白了人们永远不能单独获得拯救。在这群人当中要数他最发狂了，别人抛弃了他们的原则，而他则摆脱了他的问题，不过可以肯定，他还会碰到别的问题。

《"心灵之死"出版介绍》

（1964年10月22日，瑞典皇家学院宣布萨特获该年度诺贝尔文学奖，萨特当即表示拒绝接受。他的这一举动使舆论界一片哗然。

为了解释自己拒绝领奖的原因，萨特起草了一份声明，由他的一个委托人在斯德哥尔摩代为宣读。声明全文如下：）

我很遗憾这是一件颇招疑义的事情：奖金被决定授予我，而我却拒绝了。原因仅仅在于我没有更早地知道这件事情的酝酿。我在10月15

· 147 ·

日《费加罗文学报》上读到该报驻瑞典记者发回的一条消息，说瑞典科学院可能把奖金颁发给我，不过事情还没决定。这时我就想，我只要写一封信给瑞典科学院（我第二天就把信发了），我就能改变这件事情，以后便不会再有人提到我了。

那时我并不知道颁发诺贝尔奖是不征求受奖者的意见的。我还认为我去信加以阻止是及时的。但我知道，一旦瑞典科学院作出了决定，它就不能再反悔了。

我拒绝该奖的理由并不涉及瑞典科学院，也不涉及诺贝尔奖本身，正如我在给瑞典科学院的信中说明的那样。我在信中提到了两种理由，即个人理由与客观的理由。

个人方面的理由如下：我的拒绝并非是一个仓促的行动，我一向谢绝来自官方的荣誉。如在 1945 年战争结束后，有人就提议给我颁发荣誉勋位勋章，我拒绝了，尽管我有一些朋友在政府部门任职。同样，我也从未想进法兰西学院，虽然我的一些朋友这样向我建议。

这种态度来自我对作家的工作所抱的看法。一个对政治、社会、文学表明其态度的作家，他只有运用他的手段，即写下来的文字来行动。他所能够获得的一切荣誉都会使其读者产生一种压力，我认为这种压力是不可取的。我是署名让——保尔·萨特还是让一保尔·萨特—诺贝尔奖获得者，这决不是一回事。

接受这类荣誉的作家，他会把授予他荣誉称号的团体或机构也牵涉进去：我对委内瑞拉游击队抱同情态度，这件事只关系到我，而如果诺贝尔奖得主让一保尔·萨特支持委内瑞拉的抵抗运动，那么他就会把作为机构的所有诺贝尔奖得主牵连进去。

所以作家应该拒绝被转变成机构，哪怕是以接受诺贝尔奖这样令人尊敬的荣誉为其形式。

这种态度完全是我个人的，线毫没有指责以前的诺贝尔奖获得者的意思。我对其中一些获得者非常尊敬赞赏，我以认识他们而感到荣幸。

我的客观理由是这样的：

当前文化战线上惟一可能的斗争是为东西方两种文化的共存而进行

的斗争。我并不是说，双方应该相互拥抱，我清楚地知道，两种文化之间的对抗必然以冲突的形式出现，但这种冲突应该在人与人，文化与文化之间进行，而无需机构的参与。

我个人深切地感受到两种文化的矛盾：我本人身上就存在着这些矛盾。我的同情无疑趋向于社会主义，也就是趋向于所谓的东方集团，但我却出生于一个资产阶级的家庭，在资产阶级的文化中长大。这使我能够与一切愿意使这两种文化相互靠拢的人士合作共事。不过，我当然希望"优胜者"，也就是社会主义能取胜。

所以我不能接受无论是东方还是西方的高级文化机构授予的任何荣誉，哪怕是我完全理解这些机构的存在。尽管我的所有同情都倾向于社会主义这方面，不过我仍然无法接受譬如说列宁奖，如果有人想授予我该奖的话，现在当然不是这种情况。

我很清楚，诺贝尔奖本身并不是西方集团的一项文学奖，但它事实上却成了这样的文学奖，有些事情恐怕并不是瑞典科学院的成员所能决定的。

所以就现在的情况而言，诺贝尔奖在客观上表现为给予西方作家和东方叛逆者的一种荣誉。譬如，南美一位伟大的诗人内里达就没有获得这项荣誉，此外人们也从来没有严肃地对待路易·阿拉贡，而他却是应该获得这一荣誉的。很遗憾，帕斯捷纳克先于肖洛霍夫获得了这一文学奖，而惟一的一部苏联获奖作品只是在国外才得以发行，而在它本国却是一本禁书。人们也可以在另一种意义上通过相似的举动来获得平衡。倘若在阿尔及利亚战争期间，当我们签署"121人宣言"的时候，那我将十分感激地接受该奖，因为它不仅给我个人，而且还给我们为之奋斗的自由带来荣誉。可惜这并没有发生，人们只是在战争结束之后才把该奖授予我。

瑞典科学院在给我授奖的理由中提到了自由，这是一个能引起众多解释的词语。在西方，人们理解的仅仅是一般的自由。而我所理解的却是一种更为具体的自由，它在于有权力拥有不止一双鞋，有权力吃饱饭。在我看来，接受该奖，这比谢绝它更危险。如果我接受了，那我就顺从了我所谓"客观上的回收"。我在《费加罗文学报》上看到一篇文章，说人们"并不计较我那政治上有争议的过去"。我知道这篇文章并不代表科学院的意见，但它却清楚地表明，一旦我接受该奖，右派方面会作出何种解释。我一直认为这——"政治上有争议的过去"是有充分理由的，尽管我时刻准备在我的同伴中间承认我以前的某些错误。

我的意思并不是说，诺贝尔奖是一项"资产阶级的"奖金，但这正是我所熟悉的那些阶层必然会作出的资产阶级的解释。

最后我再谈一下钱的问题。科学院在馈赠获奖者一笔巨款的时候，它也同时把某种非常沉重的东西放到了获奖者的肩上，这个问题使我很为难。或者接受这笔奖金，用这笔钱去支持我所认为的重要组织或运动，就我来说，我想到了伦敦的南非种族隔离委员会。

或者因为一般的原则而谢绝这笔奖金，这样我就剥夺了该运动可能需要的资助。但我认为这并不是一个真正的问题。显然我拒绝这笔 25 万克郎的奖金是因为我不愿被机构化，无论在东方或是在西方。然而你们也不能为了 25 万克郎的奖金而要求我放弃原则，须知这些原则并不仅仅是你们的，而且也是你们所有的同伴所赞同的。

正是这一点使我无论对奖金的馈赠还是对我不得不作出的拒绝都感到十分为难。

最后，我谨向瑞典①公众表示我的谢意。

《世界报》

我为什么拒绝诺贝尔奖呢？因为一个时期以来它已染上了某种政治色彩。倘若我接受诺贝尔奖——哪怕我在斯德哥尔摩作一番蛮横无礼的讲话，且不说这是一件荒谬的事——那我就会被回收。如果我是某个政党的成员，譬如说我是共产党的一员，那么情况也许就会不一样。奖金可能是以间接的方式颁发给我所属的政党的，总之奖金是为该政党服务

①（1964 年 11 月 19 日，萨特在接受《新观察家》记者采访时详细地谈到了他拒绝的理由：）

的。然而如果问题涉及到某个孤独的个人，即使他有一些过激的观点，那么人们必然会以给他授奖的方式来回收他。这无异于说，"最后他终于成了我们中的一分子。"这是我不能接受的。……

　　许多报刊把我的拒绝行为说成是由我的一些个人原因造成的：如说我因为加缪先于我获得了诺贝尔奖而恼火；……说我害怕波伏瓦会嫉妒我；……还有人说我心比天高，我是出于骄傲而拒绝所有荣誉的。对此我有一个很简单的回答：假如我们有一个如我所希望的人民阵线的政府，如果由它来给我授奖，那我就会很高兴地加以接受。

《新观察家》

　　我的深层实在是超出荣誉的。这些荣誉是一些人给另一些人的，而给这荣誉的这些人，无论是给荣誉勋位还是诺贝尔奖金，都没有资格给这荣誉。我无法想象谁有权利给康德、笛卡儿或哥德一项奖，这奖意味着现在你属于某一个等级。我们把文学变成了一种有等级的实在，在这种文学中你处于这种或那种地位。我拒绝这样做，所以我拒绝一切荣誉。

　　……我完全反对诺贝尔奖，因为它把作家分成等级。……这时文学好像完全被规定、安排在一种等级制度中。你会得到法兰西学院成员的头衔，而另一些人有龚古尔奖，还有一些人有其他称号。诺贝尔奖是年奖。这个奖同什么相符合呢？说一位作家在 1974 年得到它，这是什么意思？对那些较早得到它的人，或者对那些没有得到它但他们又写了大概是更好的东西的人，它又意味着什么？这个奖有什么意义？真正可以说他们把它给我的那一年我就比我的同事，比其他作家更优秀，而在这之后的一年又有某人更优秀吗？人们真正有必要这样来看待文学吗？好像那些在一年或很长时间都是很优秀的人们只有在这个特别的一年才能被承认是优秀的，这合理吗？这是荒谬的。

　　……我发表了《词语》。他们认为它值得一看，一年后就给了我诺贝尔奖。对他们说来，这给了我的作品一种新的价值。但人们本该在一年前就得出这种结论，在我没有发表这本书时，我的价值就要小些吗？这真是一种荒谬的看法。按一种等级制度的次序来安排文学的整个思想是一种完全反对文学思想的思想。另一方面，它又完全适合于想把一切都变成自己体系一部分的资产阶级社会。如果作家被一个资产阶级社会所接收，他们就会被一种等级制度所接收，因为等级制度是表现在一切社会形式都有的那种次序之中。等级制度毁灭人们的个人价值。超出或低于这种个人价值都是荒谬的。这是我拒绝诺贝尔奖金的原因，因为我一点也不希望——例如——被看成是跟海明威名次相当。我非常喜欢海明威，我个人也认识他，我在古巴同他见过面。但我完全没有想到过我跟他名次相当或在对他的关系中我应该排在何种名次上。这种想法我认为是幼稚的甚至是愚蠢的。

《永别的仪式·同让—保尔·萨特的谈话》

　　我不认为风格不必要。我只是怀疑为词语而花费巨大劳动对创造一种风格是否是必要的。……是不是就没有一种成功的听其自然的写作方式。例如，我写得很快，因为我现在已经习惯这样了。那么，就不可能有一种从开始起就很快的写作方式吗？你知道，许多左翼作家都认为，过多地注意词语等等的风格是非常讨厌的事，人们应该直接提出问题，不考虑别的东西。……我相信，从根本上说，最好的作品总是在没有太多的苦心经营的情况下写成的。

《永别的仪式·同让—保尔·萨特的谈话》

　　我要求作家不要对现实、对当前的各种基本问题充耳不闻。……当代作家应该通过自己的不适去写作，并试图把这些不适解释清楚。……我觉得形式并不重要，古典的或非古典的，《战争与和平》的或《天文观测集》的。一切形式都好。一部作品的惟一标准，是它的生命力，要让这种生命力感人而持久。

《存在与自由》

　　对知识分子来说，介入就是表达他自己的感受，并且是从惟一可能的人的观点来表达，这就是说，他必须为他本人，也为所有的人要求一种具体的自由，这种自由并不仅仅是资产者所理解的那种自由，但它并不取消后者。这就是赋予自由一种具体的内容，使之成为既是质料又是形式的自由。因而今天比任何时候都更必须介入。作家与小说家所能够做的惟一事情就是从这个观点来表现为人的解放而进行的斗争，揭示人所处的环境，人所面临的危险以及改变的可能性。

《现在比任何时候都更需介入》

……在"介入文学"中，介入在任何情况下都不应该忘记文学。……我们关注的应是通过给文学输入新鲜血液为文学服务，犹如试图给集体奉献适合于它的文学为集体服务一样。

《发刊词》

"人们并不是选择说某些事情才成为作家的，而是选择以某种方式来说这些事情而成为作家的。"

《境况种种》

必须建立一种自由与解放的积极的理论；必须时刻都站在被压迫阶级一边谴责暴力；必须最终确定目的与手段的真正关系；必须立刻以他的名义——这当然不能阻止任何什么——拒绝任何用以实现或维持一种政权的暴力手段；必须不断地、毫不松懈地思考目的与手段的问题，或者进一步思考伦理与政治的关系问题……简而言之，对我们作家来说，必须避免让我们的责任变成犯罪，也就是使后代在 50 年之后不能说：他们眼睁睁地看着一场世界性灾难的来临，可他们却沉默不语。

《作家的责任》

"当你写作介入文章时，你首先考虑的是你必须谈论的主题，你要提供的论据，和使事物便于理解，较能打动同时代人的心的风格。你没有时间多想这本书将来再不会激起人们的行动"。

《永别的仪式·同让—保尔·萨特的谈话》

萨特年谱

公元纪年	年龄	记　　事
1905		6 月 21 日，生于巴黎。
1908	3	右眼因角膜翳引起斜视，继而失明。
1909	4	能连猜带蒙读读马洛的《苦儿流浪记》。
1912	7	已读《包法利夫人》，以及高乃依、拉伯雷、伏尔泰、雨果等人的作品。
1913	8	自己编写故事。
1915	10	就读于亨利四世中学六年级。
1920	15	继续上亨利四世中学。沉浸于陀思妥耶夫斯基和托尔斯泰的作品。
1922	17	通过会考，学业优异，法文作文、哲学试题、拉丁文翻译等均获第一名。
1923	18	读叔本华、尼采、霍夫曼斯塔尔等人著作。
1924	19	以第七名的成绩考取高等师范学院，攻读哲学。
1929	24	服兵役。
1931	26	服役期满，得到品行端正的评语。
1932	27	读塞利纳的《茫茫黑夜漫游》、李尔克的《马尔特·洛里兹·布里奇的札记》、多斯·帕索斯的《北纬四十二度》，印象至深。对精神分析学发生兴趣。
1933	28	读海明威作品。
1934	29	作研究生期间，完成《胡塞尔现象学的一个基本思想：意向性》（发表于《新法兰西评论》和《论自我的超越性》
1936	31	出版第一本著作《想象》。
1937	32	短篇小说《墙》发表于《新法兰西评论》。
1938	33	长篇小说《恶心》出版。
1939	34	出版短篇小说集《墙》，发表《情感理论初探》。开始写长篇小说《不惑之年》。

公元纪年	年龄	记　　　事
1940	35	《想象的事物》出版。《墙》获民众小说奖。
1943	38	《存在与虚无》出版。
1945	40	出版独幕剧《隔离审讯》，长篇小说《自由之路》第一、二部:《不惑之年》和《缓期执行》。
1946	41	出版《存在主义是一种人道主义》、《死无葬身之地》、《恭顺的妓女》、《犹太问题随感录》、《波德莱尔》等。
1947	42	出版《处境种种》第一集。二月，《现代》杂志开始连载《什么是文学》。
1948	43	出版七幕剧《脏手》、电影文学剧本《啮合》。
1949	44	出版长篇小说《自由之路》。
1950	45	为路易·达尔马《南斯拉夫共产主义》一书作序。
1951	46	《魔鬼与上帝》首次公演，获极大成功。
1952	47	参加维也纳世界和平日会议，在开幕式上发言，视为西欧的代表人物。
1953	48	出版《亨利·马丁事件》，由萨特抄录有关文章并加以评论。
1954	49	剧本《凯恩》出版。被选为法苏友谊副主席。
1955	50	《涅克拉索夫》首演。
1956	51	《涅克拉索夫》出版。
1957	52	在波兰杂志发表《存在主义与马克思主义》。
1959	54	《阿尔托纳的隐居者》首演，获巨大成功。
1960	55	《辩证理性批判》出版。
1961	56	梅劳——庞蒂去世，萨特撰文，题为《遗憾，悔恨，怨尤》。
1962	57	寓所再次被秘密军队组织炸毁，损失严重。
1963	58	在莫斯科，筹建国防作家联盟。
1964	59	以随笔形式写成的童年自传《文字生涯》出版。

西方思想文化经典

公元纪年	年龄	记　　事
1965	60	出版《处境种种》第七集。根据欧里庇得斯悲剧改编的《特洛亚妇女》首次公演。
1966	61	接受罗素邀请，参加"战犯审判法庭"，调查美国侵略罪行。
1967	62	捍卫以色列作为一个国家应有其存在权利，和巴勒斯坦人返回家园的权利。
1970	65	为捷克作家安东宁·黎姆的《三代人》作序，标志着与苏联最终决绝。
1971	66	《家中的低能儿——居斯塔夫·福楼拜》第一、二卷出版。
1972	67	出版《家中的低能儿》第三卷，及《处境种种》第八九集。
1973	68	出版《处境剧》一书。
1974	69	出版《造反有理》。
1976	71	出版《处境种种》第十集。发表关于自己生平记录片《萨特与金钱》。
1977	72	发表的谈话录有：《权利与自由》、《萨特与妇女》、《萨特与音乐》、《权利与自由不是并头齐进的》等。
1980	75	3月20日，因肺气肿住进布鲁塞医院，4月15日晚9时逝世，送至蒙巴那斯公墓。